KUNIK DE MORSIER

I0895512

Anthologie

Diese Buchreihe stellt Band für Band die Bauwerke von ausgewählten jüngeren Schweizer Architekturschaffenden vor, deren Arbeiten durch besondere Qualität überzeugen. Seit 2004 kuratieren wir die Reihe *Anthologie* in Form einfacher Werkdokumentationen. Sie ist vergleichbar mit der «Blütenlese», wie sie in der Literatur für eine Textsammlung vorgenommen wird. Es liegt in der Natur des Architektenberufs, dass die Erstlingswerke meist kleinere, übersichtliche Bauaufgaben sind. Sie sind eine Art Fingerübung, mit der junge Architekturschaffende das Erlernte anwenden und ihr architektonisches Sensorium erproben und entfalten können. Begabung und Leidenschaft für das Metier lassen sich dabei früh in voller Deutlichkeit und Frische erkennen. So stecken in jedem der kleinen und grossen Projekte inspirierte Grundgedanken und Vorstellungen, die spielerisch und zugleich perfekt in architektonische Bilder, Formen und Räume umgesetzt werden. Immer wieder wird mir dadurch bewusst, dass in der Architektur wie in anderen Kunstformen die Bilder und Ideen, die hinter einem Werk stehen, das Wesentliche sind. Es mag diese Intuition sein, die Kunstschaffende haben, die über ihr Werk wie ein Funke auf die Betrachtenden überspringt, so wie es der italienische Philosoph Benedetto Croce in seinen Schriften eindringlich beschrieben hat.

Heinz Wirz
Verleger

Anthologie

Each volume in this series presents buildings by selected young Swiss architects whose works impress with exceptional quality. Since 2004, we have been curating the *Anthologie* series by simply documenting their oeuvre. The series can be compared to a literary anthology presenting a collection of selected texts. It is in the nature of the architectural profession that early works are mostly small, limited building tasks. They are a kind of five-finger exercise in which the young architects apply what they have learnt, as well as testing and developing their architectural instincts. Talent and a passion for the profession can be seen at an early stage in all of its clarity and freshness. Each project, be it large or small, contains an inspired underlying concept and ideas that are playfully and consummately implemented as architectural images, forms and spaces. Thus, I am regularly reminded that in architecture, as in other art forms, the essence of a piece of work is formed by the images and ideas upon which it is based. Perhaps this is the same intuition described so vividly by the Italian philosopher Benedetto Croce, one that is absorbed by the artist and flies like a spark via the work to the viewer.

Heinz Wirz
Publisher

KUNIK DE MORSIER

QUART

EINFÜHRUNG

Kunik de Morsier

Wir halten einen neuen Zukunftsentwurf für denkbar, der auf einem territorialen ökologischen Wandel, der Entwicklung bislang nicht dagewesener Klimakonzepte, der Entstehung neuer Formen von Gemeinschaften respektive der Nutzung regenerativer Ressourcen im Bausektor basiert.

Unabhängig von Grössenordnung und Programmatik der Projekte ist unser Ansatz stets kontextbezogen und schafft Räume, die den Austausch mit, die Kohärenz und Verbindung zur Umwelt im weitesten Sinne fördern. Unser Schwerpunkt liegt auf territorialen Projekten, innovativen Arbeitsumgebungen, zeitgenössischen Wohnräumen sowie experimentellen Installationen.

Im Kontext unserer Forschungs- und Lehrtätigkeiten setzen wir uns fortlaufend mit Themen auseinander wie suburbane Landschaften in Europa, die produktive und zirkuläre Stadt, neue Formen regenerativer Architektur. Wir erschliessen ein theoretisches Terrain, innerhalb dessen unsere Projekte als einzigartige Prototypen der Raumordnung zu verstehen sind.

Diese projektbasierte Forschungsarbeit zielt auf neue ökologische Bauformen ab, die zur Transformation und zur behutsamen Adaption komplexer architektonischer, städtischer und landschaftlicher Gegebenheiten beitragen.

Diese Publikation stellt eine Auswahl realisierter oder in der Entwicklung befindlicher Projekte vor, die diese Arbeitsweise veranschaulichen und die Leserschaft dazu einladen, an unserem Entwurfsprozess teilzuhaben.

INTRODUCTION

Kunik de Morsier

We believe that a new vision for the future is possible, based on the ecological transition of territories, the development of unique climate-orientated mindsets, the emergence of new forms of collectivity and the use of regenerative resources in building.

Whatever the scale or programme of our projects, our approach is resolutely contextual. The spaces we create encourage sharing, cohesion and a relationship with the environment in its broadest sense. We work primarily on projects spanning territorial transformation, innovative workspaces, contemporary homes and experimental installations.

As part of our research and teaching projects, we engage consistently with themes such as Europe's suburban landscapes, productive and circular cities and new forms of regenerative architecture. We work to develop a theoretical field in which our projects can serve as unique spatial prototypes.

This project-based research is therefore an attempt to propose new forms of built ecosystems that contribute to the transformation and gentle adaptation of complex architectural, urban and landscape conditions.

This book presents a selection of projects that are complete or ongoing. Taken together, they express our mission and invite readers to discover our design process.

DEN ARCHITEKTENBERUF NEU ERFINDEN

Alia Bengana

Ich beginne das akademische Jahr häufig damit, die Studierenden im ersten Jahr an der EPFL nach ihren Gründen für diese Berufswahl zu fragen. Erst kürzlich antwortete einer von ihnen: «Um hohe Gebäude zu bauen, ein gutes Einkommen zu haben, Bekanntheit zu erlangen und einen Fussabdruck auf der Erde zu hinterlassen.» Ich zögerte zu erwidern, dass diese Vorstellung zwar enthusiastisch sei, aber doch eher in die 2000er Jahre gehörte, als wir davon träumten, Stararchitektinnen und -architekten zu werden. Dieser Beruf ist einem Wandel unterworfen. Die Welt hat sich weiterentwickelt, und die Herausforderungen, vor denen junge Architekturschaffende stehen, sind gigantisch – angefangen beim Klimawandel, der Ausbeutung natürlicher Ressourcen, dem nahenden Ende unbegrenzt verfügbarer Energien und den sozialen Ungleichheiten, die diese Faktoren unweigerlich mit sich bringen werden. Wie kann man diese entscheidenden Fragestellungen mit jungen Erwachsenen angehen und sie dazu anregen, diesen beruflichen Werdegang weiterzuverfolgen, wo doch architektonische Gesten zumindest in unseren Breitengraden mittlerweile vielfach verpönt sind? Wie kann man für Genügsamkeit und bescheidene Eingriffe begeistern? Dafür scheint es unerlässlich, neue Denkmodelle, neue Vorstellungen zu erschaffen sowie Zweifel, Experiment und Sparsamkeit als schöpferische Kräfte anzuerkennen. Umbaumassnahmen und kleinere Eingriffe können ebenso reizvoll sein wie Projekte in der Peripherie oder auf verlassenem Terrain und so zu Vektoren der Wohnforschung werden. Diese Herausforderungen lösen eine Reihe von Debatten aus, zu denen zentrale Fragen hinzukommen: nach der Nutzung erneuerbarer lokaler Ressourcen; nach der Abwägung von Praktiken, die durch ihr unmittelbares Umfeld und die daraus resultierenden Zwänge geprägt sind; sowie nach der Neuinterpretation einheimischer Techniken. Die Herausforderung, die sich unseren Gesellschaften stellt, ist die der Beziehung zur Erde und zur Endlichkeit ihrer natürlichen Ressourcen – ein Thema, das in Resonanz steht zu der Praxis von Valentin Kunik und Guillaume de Morsier, die sich auf den Philosophen Hartmut Rosa beziehen,[1] der für die beiden Architekten einen hohen Stellenwert hat.

REINVENTING THE ARCHITECTURAL PROFESSION

Alia Bengana

I often start the academic year by asking incoming first-year students at the EPFL what led them to choose this profession. Recently, one of them answered: "I want to build tall buildings, earn a good living, be famous and make my mark on the world." I was reluctant to respond that this vision, however enthusiastic, seemed to belong to the 2000s, when we dreamed of becoming starchitects. Today, the architectural profession finds itself in a state of flux. The world has changed and the challenges that young architects face are colossal, starting with climate change, the depletion of natural resources, the imminent end of free energy and the social inequalities that these factors will inevitably produce. How can we engage young people on these crucial issues and inspire them to want to pursue this career, while architectural gestures are now so often criticised, at least in our part of the world? How can we make frugality enticing, and get people excited about modest interventions? To do so, it seems essential that we create new conceptual frameworks, new ideas, and learn to value uncertainty, experimentation and parsimony as creative drivers. Our desires can be inspired by transformations of what already exists, by minor interventions and by projects in peri-urban or abandoned areas; these interventions can, in turn, offer new trajectories for research into habitability. These issues open up a range of debates, to which can be added the crucial question of how to use local, renewable resources in projects, how to value practices that respond to contextual constraints and how to reinterpret vernacular techniques. The challenge facing our societies is the need for a relationship with the planet and the finitude of its natural resources. Following the philosopher Hartmut Rosa,[1] whose work is important to both architects, these issues can be said to resonate with their practice.

Valentin und Guillaume erkunden seit Gründung ihres gemeinsamen Büros im Jahr 2010 ohne Unterlass und mit Optimismus die vielfältigen Wege des Architektenberufs, aber auch der Lehrtätigkeit, und verfolgen dabei einen roten Faden: Sie vermeiden Spezialisierung, um rege und neugierig zu bleiben, und suchen konstant nach einer Hybridisierung von Praktiken und Materialien. Gestützt auf vielseitige theoretische und künstlerische Referenzen, die von Buckminster Fuller über die Künstler Ann Veronica Janssen und die Brüder Chapuisat bis zu Bruno Latour reichen, widmen sie aufwendigen Grossprojekten die gleiche Sorgfalt wie temporären künstlerischen Installationen. Bei jeglichem Projekt stellen sie sich selbst infrage und legen mehr Wert auf den Prozess und die Forschung als auf das Endergebnis. Für sie muss sich Architektur in einem iterativen Prozess entwickeln und dabei die Komplexität der Welt widerspiegeln; und Raum lassen für künftige Transformationen. Jeder Entwurf wird so zu einem beständigen Erkunden, einem Dialog mit dem Bestehenden und einer Einladung, sich neu zu erfinden.

Für diese Publikation haben sie mit Bedacht und Sorgfalt scheinbar bescheidene Projekte ausgewählt – Umbauten, Bauen im Bestand, Privathäuser, Installationen –, die ihr disziplinenübergreifendes Verständnis des Architektenberufs und ihre Verpflichtung zu behutsamen Lösungen widerspiegeln und so auch Meilensteine in der Entwicklung ihrer beruflichen Herangehensweise darstellen. Zwei davon sind mir ein besonderes Anliegen: die Kinderkrippe in Vufflens-le-Château und die Installation *4 × 4 × 4* in Luzern. Das erste Projekt ging siegreich aus einem Wettbewerb hervor, wobei sie die einzigen Architekten waren, die sich entschieden hatten, nicht das zur Verfügung stehende Terrain zu nutzen, sondern – als eine Art Dazwischen – eine behutsame Aufstockung vorzuschlagen. Diese flexible Konstruktion aus einheimischem Holz, die ihr Material stolz zur Schau trägt und zwei Fassaden verbindet, liesse sich wohl als postmodern bezeichnen. Dieser Entwurf nimmt sich wie ein Widerhall auf eine Ode an die Subtilität, den Einfallsreichtum aus, ist zugleich aber auch ein individueller Gestaltungsversuch dieser «kritischen Zone».[2] Das zweite Projekt ist eine künstlerische Installation und Forschungsstudie, wie sie für das Büro typisch ist. Das Projekt ergründet das tiefste Innere unserer Gebäude und offenbart dabei die im Lauf des letzten Jahrhunderts zunehmende Komplexität dieser

Since the start of their partnership in 2010, Valentin and Guillaume have worked constantly and optimistically to explore the many paths open to them as architects and educators, guided all the while by a common thread: they avoid specialisation, so as to remain agile and curious, and constantly seek to hybridise practices and materials. Drawing on an eclectic set of theoretical and artistic references, from Buckminster Fuller to Bruno Latour by way of the artists Ann Veronica Janssen and the Chapuisat brothers, they lavish the same care on a major project as they do on temporary art installations. Whatever the project, they question themselves, prioritising the process and the research over the final result. For them, architecture must evolve iteratively, reflecting the complexity of the world and leaving space for future transformations. Every project thus becomes an ongoing exploration, a dialogue with what already exists, and an invitation to reinvent oneself.

For this publication, they have carefully selected projects that are modest in appearance, be they conversions, interventions to the existing site, single-family homes or installations. This reflects two of the watchwords in the pair's professional approach: their interdisciplinary vision for the profession and their commitment to gentle solutions. Two projects resonate with my own preoccupations: the crèche in Vufflens-le-Château and the *4 × 4 × 4* installation in Lucerne. The first was a winning entry to a competition where the two were the only architects not to fill the available footprint, choosing instead an in-between space that allowed for a delicate elevation above existing buildings. Like a supple hyphen made of local timber, this project, which showcases a wooden link between two somewhat postmodern façades, resonates with subtlety and ingenuity. At the same time, it seeks to make an architectural record of the practice's questioning of the critical zone.[2] The second, an artistic installation and research exercise of the kind that the practice so prizes, dives down into the bowels of our buildings, revealing the growing complexity of these structures over the last century, and accumulating layer upon layer of energy-hungry industrial products transported from the ends of the earth. By exposing them in this way, Kunik and de Morsier invite us

Strukturen, die Schichten energieintensiver Industrieprodukte rund um die Welt anhäufen. Indem Kunik und de Morsier die Konstruktionsmethoden derart offenlegen, laden sie uns dazu ein, zu reflektieren und eine grössere Einfachheit bei unseren beruflichen Praktiken in Betracht zu ziehen.

Diese beiden Projekte evozieren meiner Meinung nach vielversprechende Wege einer Neuerfindung des Berufs: Architekturschaffende als Vermittelnde und Transformierende, die danach streben, die etablierten Rahmenbedingungen in Praxis, Lehre, Forschung und Kunst weiterzuentwickeln.

1 Vgl. Hartmut Rosa, *Resonanz: eine Soziologie der Weltbeziehung.* Berlin 2019.

2 Vgl. Bruno Latour / Peter Weibel (Hrsg.), *Critical Zones: the science and politics of landing on earth.* Karlsruhe / Cambridge, MA 2020.

to reflect on these ways of building and to imagine simpler practices.

To me, these two projects point to exciting new means of reinventing the architectural profession: the architect as courier and transformer of the existing, committed to the evolution of established frameworks of practice, teaching, research and art.

1 Hartmut Rosa: *Resonance: A Sociology of Our Relationship to the World*, trans. James C. Wagner, Cambridge (UK), 2019.

2 Bruno Latour / Peter Weibel: *Critical Zones: The Science and Politics of Landing on Earth*, Cambridge (USA), 2020.

HYDROMÉTÉORES, GENF

2016, in Zusammenarbeit mit Séverin Guelpa, Genf

Anknüpfend an die *MATZA*-Experimente in der Mojave-Wüste und auf dem Aletschgletscher wurde ein ehemaliges Industriegebäude temporär zweckentfremdet und in eine Reihe von Ausstellungs- und Begegnungsräumen zum Thema Wasser umgestaltet.

Mittels diverser Interventionen haben wir ein autonomes System zur Gewinnung und Nutzung von Meteorwasser entwickelt. Dieses wurde auf die durchschnittliche Niederschlagsmenge in dieser Jahreszeit ausgelegt, was eine konstante Wasserversorgung und einen autonomen Betrieb ermöglicht. Ein Teil des gesammelten und gespeicherten Wassers wird mittels eines Vertikalfilters zu Trinkwasser aufbereitet, während der andere Teil durch Kontakt mit den vorhandenen Heizkörpern erwärmt wird, bevor er sich durch die Schwerkraft in die Becken verteilt.

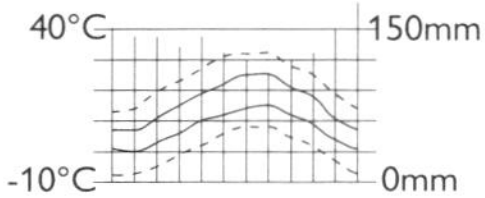

Im Zuge dieses Projekts, welches das Verhältnis zwischen Wasser und Architektur untersucht, wurde eine Industriefläche in einen Ort verwandelt, an dem Wasser zu einem Rohstoff und zugleich zu einem Gestaltungselement avanciert. Das von dieser Dualität geprägte Gebäude wird zum Zeugen der Verschmelzung von Natur und menschlicher Konstruktion, zu einem hybriden Ökosystem, in dem Wasser zirkuliert, gereinigt wird und sich in seiner ganzen Komplexität offenbart.

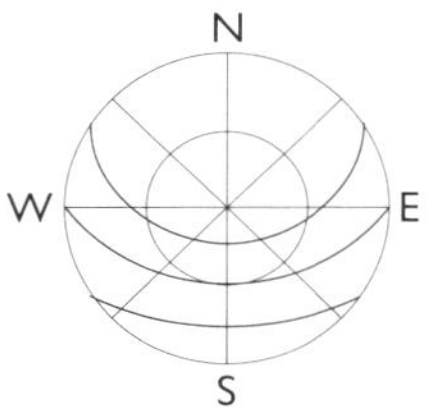

HYDROMÉTÉORES, GENEVA

2016, in partnership with Séverin Guelpa, Geneva

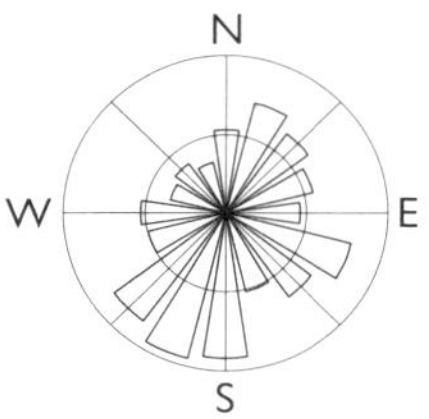

Following on from the *MATZA* experiments conducted in the Mojave Desert and on the Aletsch Glacier, this temporary parasitic occupation of a former industrial building offers a series of exhibition and meeting spaces themed around water.

Through a series of interventions, we developed an autonomous system for collecting and managing meteoric water. The system was scaled to the average rainfall at the time of year, meaning that the installation has a constant supply and can function autonomously. Once it has been collected and stored, some of the water passes through a vertical filter and becomes drinkable, while the rest is heated upon contact with the onsite radiators, before being led down to the pools by gravity.

This project explores the relationship between water and architecture by transforming an industrial space into a place where water is simultaneously a raw material and a design element. The building itself is steeped in this duality and becomes a hybrid ecosystem where water is circulated, purified and exhibited in all its complexity.

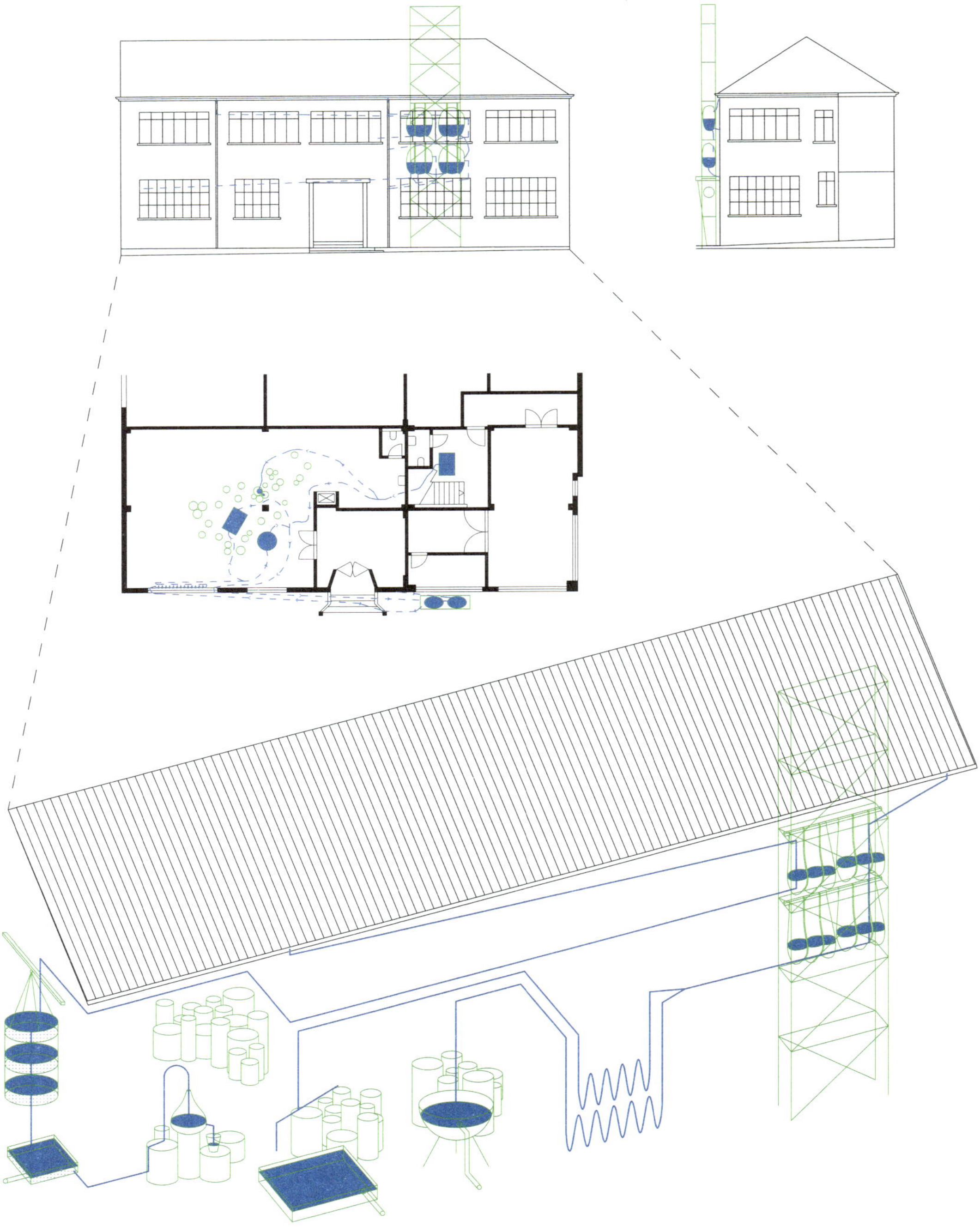

HÜTTE, LE PONT

2014

Am Ufer des Lac de Joux findet sich in 1000 Metern Höhe eine Hütte, die den Standard einer einfachen Unterkunft weit übersteigt und zu einer Zeugin der engen Beziehung zwischen einer Familie und der sie umgebenden Landschaft avanciert.

Im Einklang mit der natürlichen Topografie fügt sich das Erdgeschoss behutsam in das leicht abschüssige Gelände ein. Vier grosse Stufen aus mineralischem Material folgen wie geologische Plateaus den Konturen des Terrains und laden die Bewohnerschaft dazu ein, ihre Geografie zu erklimmen. Über diesem Mineralboden verteilen sich vier Schlafzimmer und ein Badezimmer. Die gemeinschaftlichen Wohnräume entfalten sich in einem dreidimensionalen Spiel aus Licht und Raum.

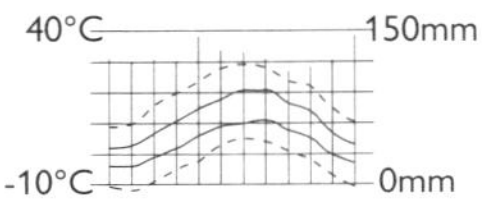

Die Berghütte, deren Träger aus Lärchenholz und deren Böden, Decken und Innenwände komplett aus Fichtenholz gefertigt sind, weist ein raffiniertes Konstruktionssystem auf. Die Strukturelemente fügen sich reibungslos ineinander und bilden so ein solides und zugleich flexibles Gerüst. Durch diese Flexibilität kann sich die Hütte den sich verändernden Bedürfnissen ihrer Bewohnerschaft anpassen – und sich am Wetter- und Jahreszeitenwandel orientieren.

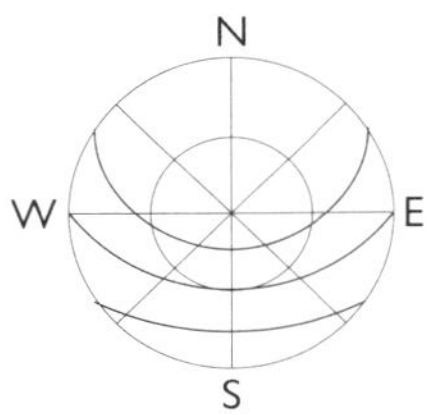

CABIN, LE PONT

2014

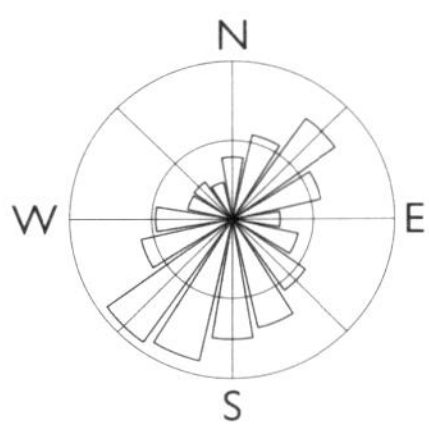

Perched at an altitude of 1,000 metres above the Lac de Joux, this cabin transcends its role as a shelter to serve as a record of the intimate connections between a family and the land.

The ground floor is in harmony with the topography, forming a delicate relationship with the gentle slope across the site. Four wide mineral steps hug the contours of the land; like geological plateaux, they invite visitors up and in. Four bedrooms and a bathroom are nestled above these steps. As for the communal spaces, they come into their own through an airy, three-dimensional form awash with light.

The cabin leaves its clever construction system open to view: load-bearing structures are entirely of larch, with floors and partitions of spruce. The structural elements fit and slide into each other, overlapping to form a framework that is both solid and flexible. This flexibility allows the house to change with time, according to the needs of its inhabitants, following the variations of time and the seasons.

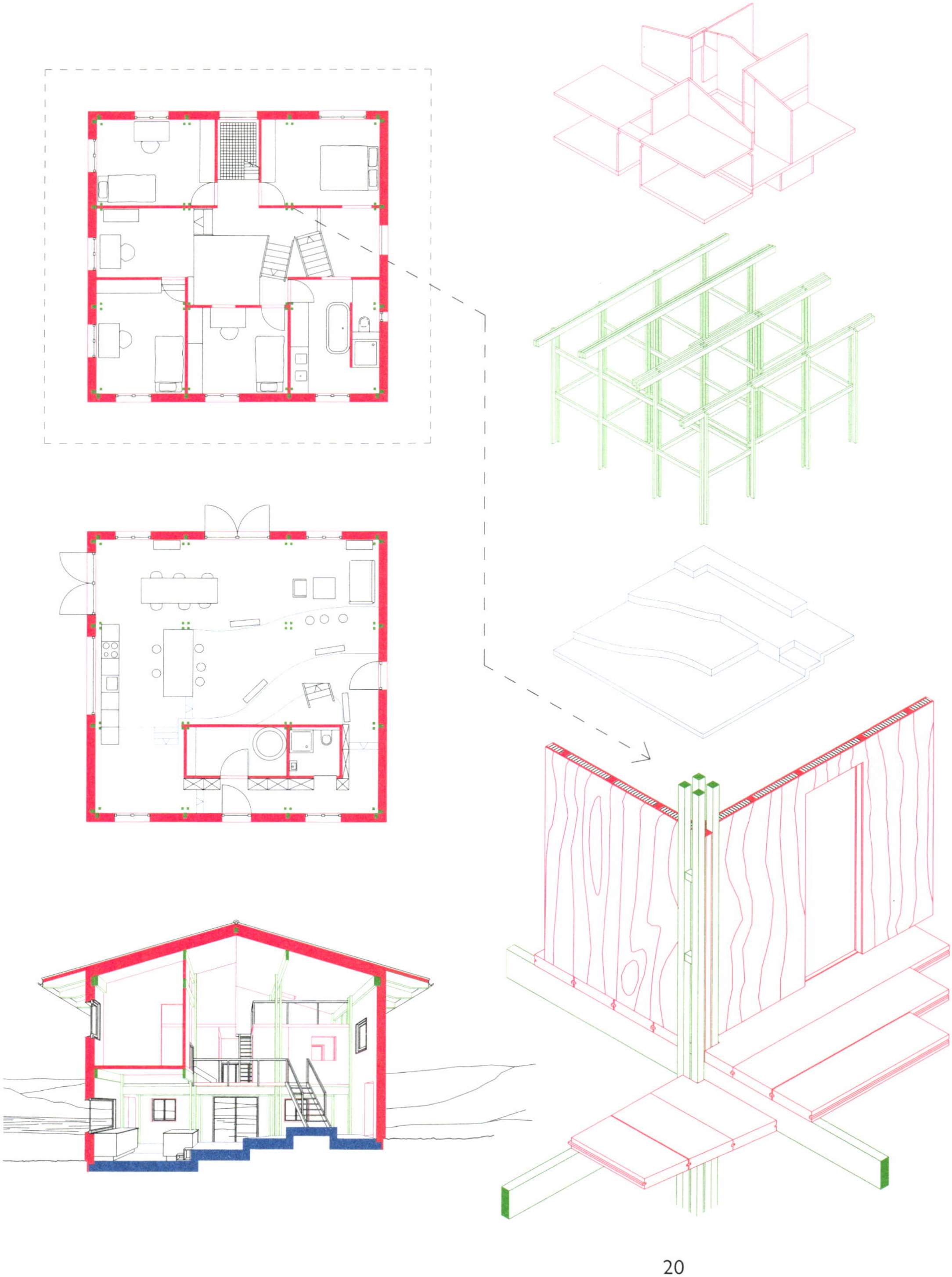

4 × 4 × 4, LUZERN

2018

Das Herzstück der Künstlerresidenz, der Pavillon Tribschenhorn, erfährt unter dem Einfluss bekannter Elemente zeitgenössischer Massenbauweise vorübergehend eine Metamorphose. Komponenten, die sich normalerweise in einen multifunktionalen, kompakten Fassadenverbund fügen, dienen als Böden, Wände und Dach. Sie befreien sich hier von ihren Zwängen. Wie zerlegte Partituren verteilen sich die Delta®-MS-Noppenbahnen, Polyethylenfilmfolien und die Isolierplatten aus Mineralwolle im Raum und erzeugen eine atmosphärische Choreografie.

Die Besucherschaft wandert Forschenden gleich durch diese fragmentierte Komposition. Die Menschen gehen, essen, ruhen oder arbeiten zwischen diesen auseinanderdividierten Schichten. Wie in einer anatomischen Skizze erlangt jedes Element seine Singularität, seine eigene Identität. Jede Schicht, die zuvor der Funktionalität untergeordnet war, erweist sich nun als ästhetisch und schafft eine komplexe, faszinierende Struktur.

Diese Installation lässt uns in das Herz unserer gegenwärtigen materiellen und konstruktiven Kulturen eintauchen. Sie lädt dazu ein, mit den physikalischen Eigenschaften von Räumen zu interagieren, und regt zu einer tiefgehenden Reflexion unserer Beziehung zu Ressourcen und Lebensraum an.

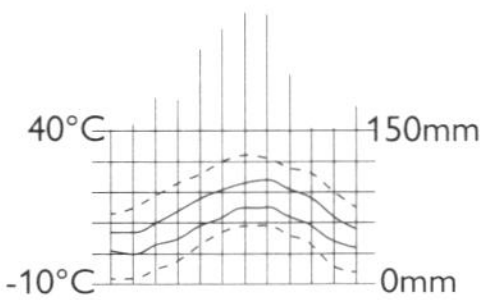

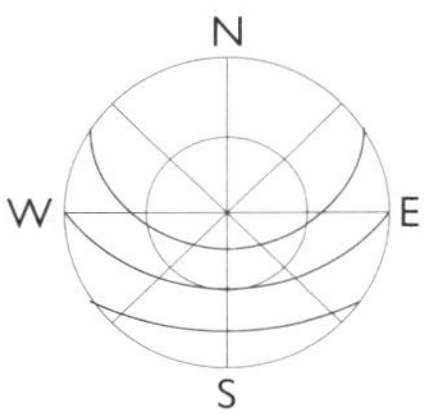

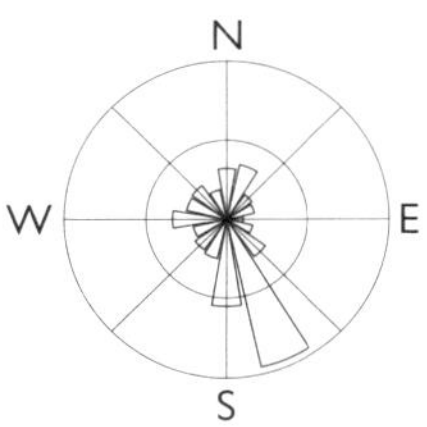

4 × 4 × 4, LUCERNE

2018

The Tribschenhorn Pavilion, an artistic residence in Lucerne, was temporarily transformed by the addition of common elements taken from the contemporary mass building industry. These components, which are typically packed into compact, multi-purpose composite layers, are used to form floors, walls and roofs. Freed from their intended functions, like deconstructed partition walls, sheets of Delta®-MS, polyethylene film and mineral wool insulation are scattered across the space, creating a distinct choreography of atmospheres.

Visitors wander through this fragmented composition like explorers: walking, eating, resting or working through disjointed strata. Like an écorché, a skinless anatomical figure, each element is revealed as separate and unique. Each layer, once obscured to serve its purpose, is now revealed as an aesthetic entity, interweaving with others to form a complex and captivating tapestry.

This installation plunges us into the core of our contemporary material and construction cultures. It invites us to interact with the physical properties of the spaces, calling us to reflect upon our relationship with resources and habitat.

SIGA-Majpell 5
www.siga.ch

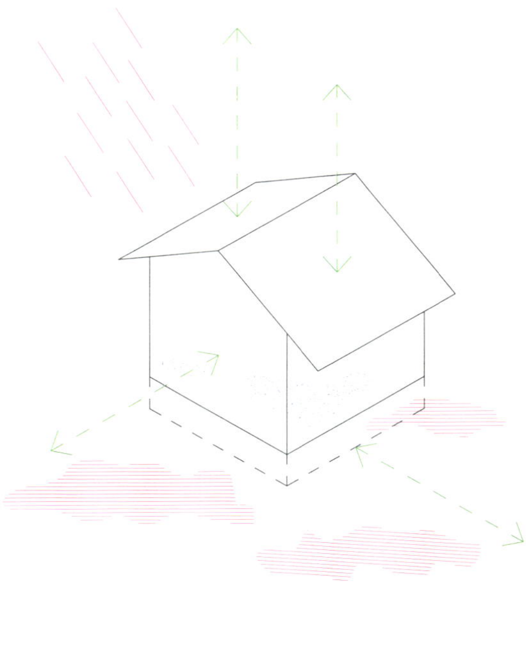

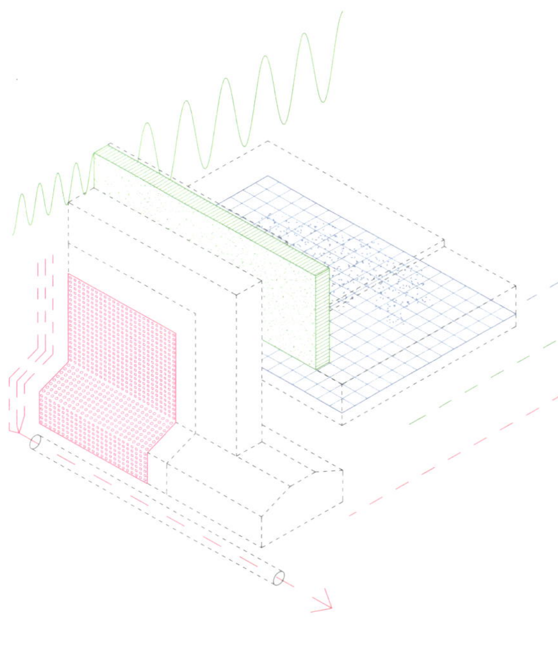

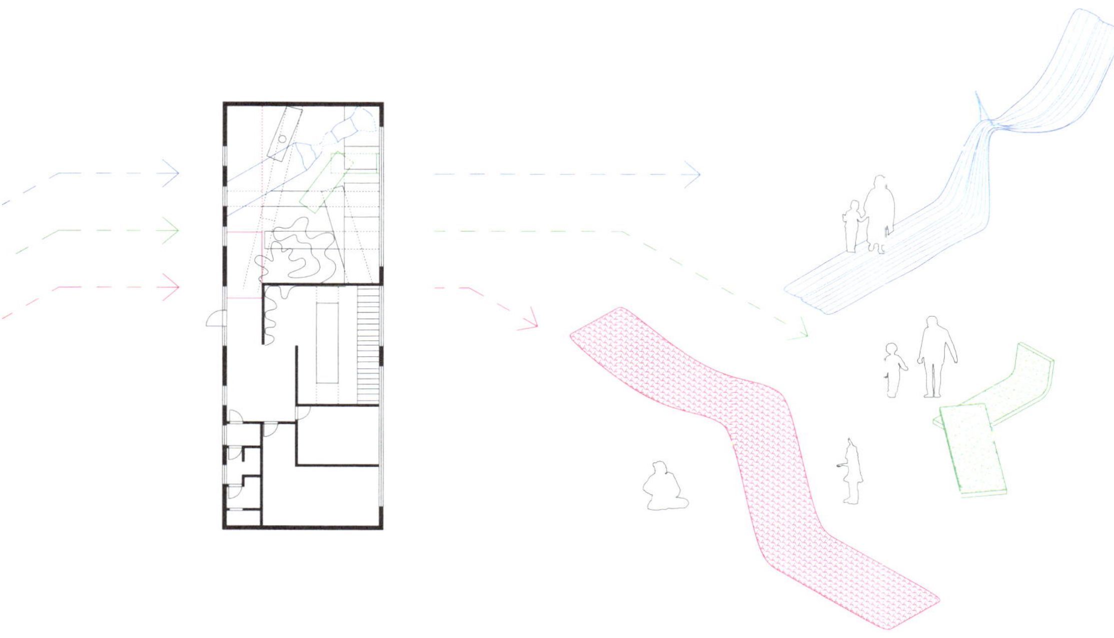

FORUM APRÈS-GE, GENF

2021, in Zusammenarbeit mit Dreier Frenzel Architecture + Communication, Lausanne

Welchen Beitrag kann die Architektur zur Verwirklichung der Vision des Forum APRÈS-GE von einer sozialen, solidarischen Wirtschaft leisten? In einem offenen und gemeinschaftlichen Schaffensprozess bricht dieser gewagte Architekturentwurf bewusst mit den herkömmlichen Konventionen und kreiert einen Ort voller Ideen und Interaktionen. Wir haben ein «Raumballett» orchestriert, indem wir den Elementen, die das sozial und wirtschaftliche Bestreben der Kammer verkörpern, Form verliehen haben.

Unsere relationale Architektur knüpft Beziehungen und fördert den Austausch, das Zusammenleben und Co-Kreation. Sie vereint zudem ein Auditorium, Schulungsräume und einen Co-Working-Bereich. Dieses für die Besucherschaft einzigartige Raumkontinuum vereint eine Vielzahl menschlicher Aktivitäten in sich.

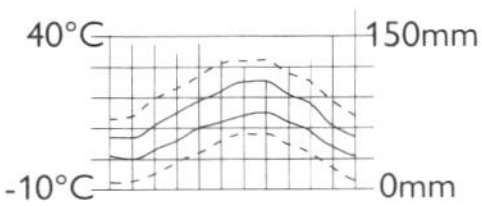

Die sanft gewellte Brettschichtholzstruktur prägt die Atmosphäre des Ortes. Gemäss der Logik des *Design for Manufacturing and Assembly* (DfMA) folgt sie den Konturen des Raums und passt sich den dort stattfindenden Aktivitäten an. Holz, wiederverwendete Materialien – Inventar und Tischlerarbeiten – sowie Trennwände aus gepressten Lehmblöcken bilden die drei nachhaltigen Elemente dieses Ortes, welcher der Wirtschaft von Morgen gewidmet ist.

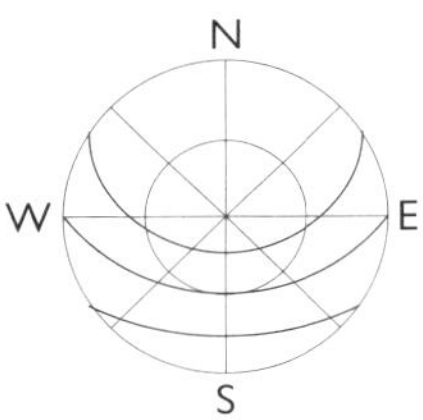

FORUM APRÈS-GE, GENEVA

2021, in partnership with Dreier Frenzel Architecture + Communication, Lausanne

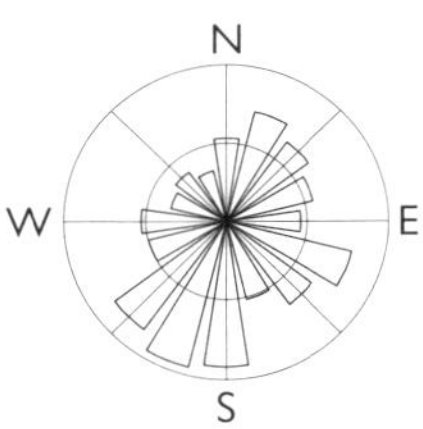

What can architecture contribute to materialising the APRÈS-GE Forum's vision of a social, solidarity economy? In an open and collaborative creative process, we brought to life a daring architectural response to this question – a workspace that deliberately departs from convention so that it will teem with ideas and interactions. We have orchestrated a spatial ballet, giving each element a form that embodies its social and economic potential.

Our relational architecture threads elements together to facilitate sharing, co-living and co-creating. This is exemplified in the way that the auditorium, training rooms and a co-working area exist within a continuum of unique spaces, offering each visitor a multiplicity of human activities and settings for them.

The gently curving timber structure permeates the atmosphere of the space. Conceived following a logic of Design for Manufacturing and Assembly (DfMA), it follows the contours of the space to support and complement the activities that take place there. The timber, furniture, recycled joinery and raw earth partitions form three sustainable sequences in this place dedicated to the economy of tomorrow.

après
Merci d'u
pour vou

SEMAINE DE L'ÉGALITÉ
EN VILLE DE GENÈVE
2-12 MARS 2023
LE PATRIARCAT
PASSE
À LA CAISSE!
www.semaine-egalite.ch

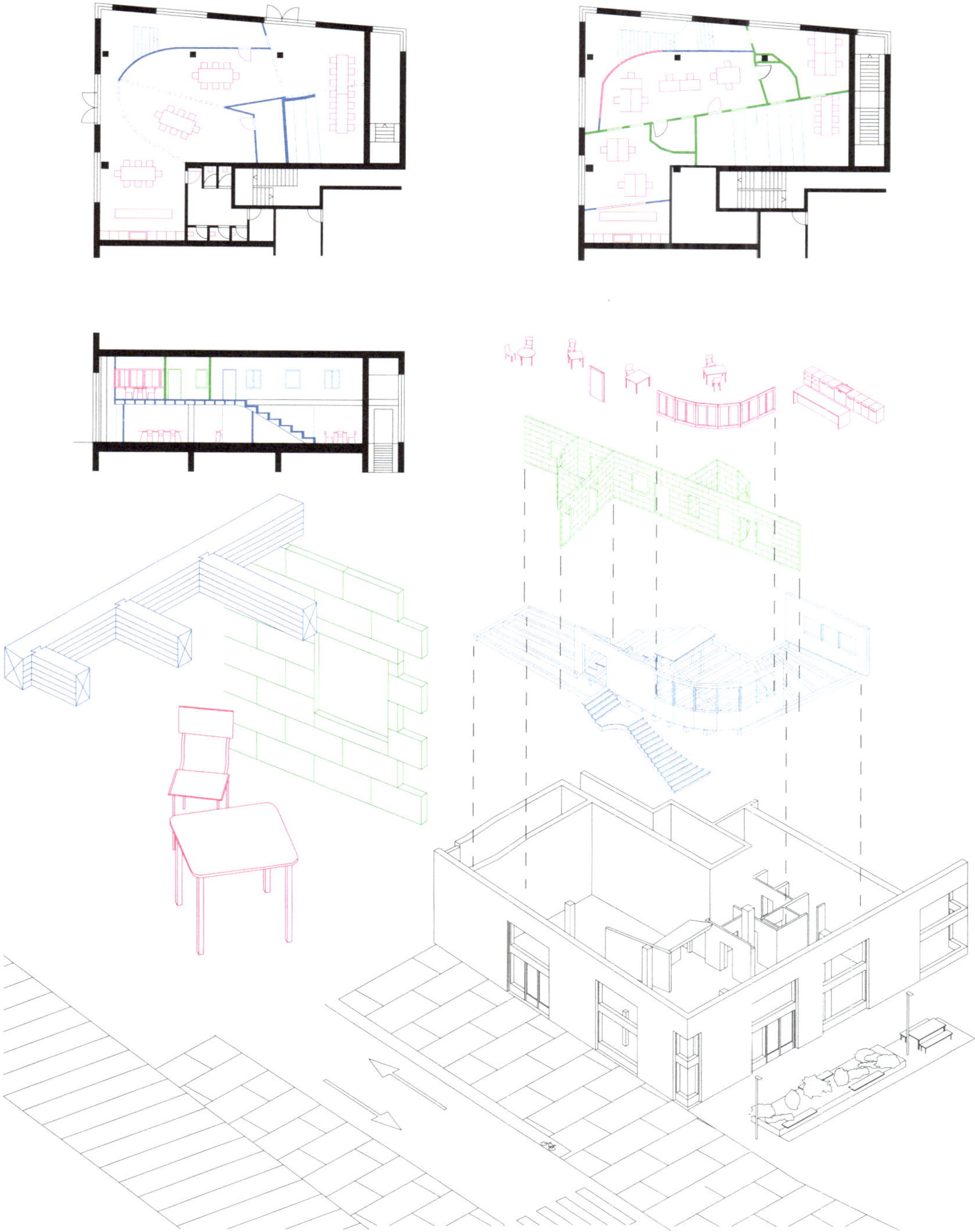

RESEARCH LAB, ECUBLENS

2020

In Lausannes Agglomeration hat sich ein Pionierunternehmen im Bereich der Forschung und Entwicklung nachhaltiger Energielösungen angesiedelt. Zusammen mit der Stadt hat es beschlossen, den Standort neu zu gestalten und Büros und Labore in einem ehemaligen Industriegebäude zusammenzuführen. Traditionelle Denkmuster mussten hier der Kreativität weichen.

Jenseits starrer Unterteilungen zielt unser Ansatz auf eine Öffnung der Kompetenzzentren. Industrieströme, sich stetig weiterentwickelndes Wissen und eine neugierige Besucherschaft prägen den Raum. Es ist eine sich ständig neu komponierende Partitur, in der jede Note eine neue Idee erklingen lässt.

Verfügbare Ressourcen und atmosphärische Zwänge bestimmten die Raumorganisation. Für die Besprechungsräume und den Reinraum wurde Restholz verwendet, die Akustikverkleidung enthält Schafwolle und das Mobiliar besteht aus wiederverwendeten (Möbel-)Stücken. Diese Materialisierung bricht mit den für Forschungsräume typischen Konventionen und lässt ein neuartiges, offeneres und ökologischeres Raumkonzept entstehen. Wie ein lebendiges Labor lädt uns dieses sich ständig verändernde Ökosystem dazu ein, unser Verhältnis zu Umwelt und Innovation zu überdenken.

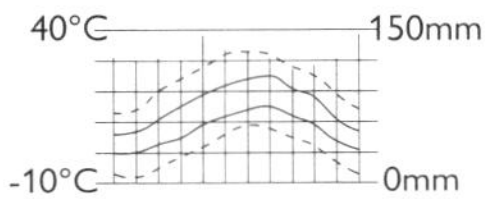

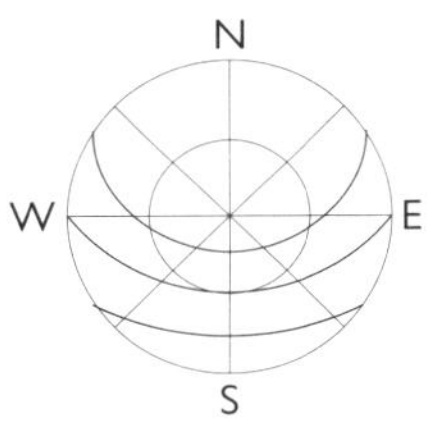

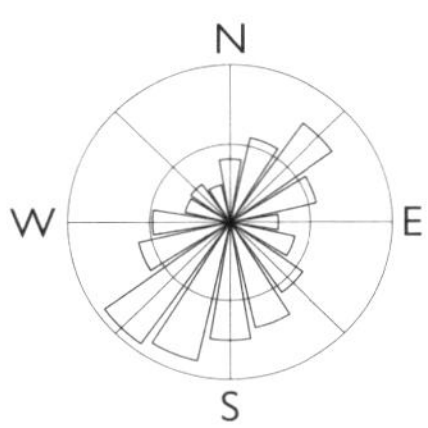

RESEARCH LAB, ECUBLENS

2020

In metropolitan Lausanne, a pioneering firm in sustainable energy research and development has put down roots. As part of creating a symbiotic relationship with the city, the firm chose to reinvent its workspace, merging offices and laboratories within a former industrial facility. Here, traditional boundaries give way to creative hybridity.

Instead of neat compartmentalisation, our approach seeks to release skill sets from their silos. The space is performed by industrial flows, the continuous simmer of ideas and the curiosity of roaming visitors. It is a constantly recomposed score, in which each note expresses a new idea.

The spatial organisation was developed in response to climatic constraints and availability of resources. Meeting spaces and cleanrooms are framed with timber offcuts, while sheep's wool served as acoustic insulation. The furniture was reused. These materials, which depart from the norm for research spaces, conjure up a new spatial concept that is more open and sustainable. Like a living laboratory, this constantly evolving ecosystem invites us to rethink our relationship with the environment and innovation.

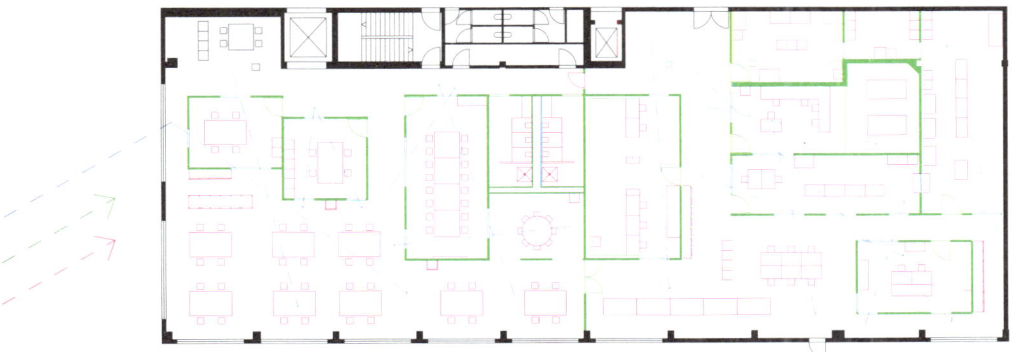

KINDERKRIPPE, VUFFLENS-LE-CHÂTEAU

2023

Die Kinderkrippe La Vufflantine nimmt sich wie ein architektonisches Manifest aus, eine kühne Antwort auf die Herausforderungen städtebaulicher Verdichtung und Intensivierung der Nutzungen auf einem Schulgelände: Anstatt neue Gebäude auf dem umliegenden Gelände hinzuzufügen, haben wir uns entschieden, einen Teil des bestehenden Schulgebäudes von 1990 aufzustocken.

Der Entwurf fügt sich harmonisch zwischen die beiden Bestandsbauten ein und verbindet diese behutsam. Indem er die Geometrie der bestehenden Dächer aufgreift, fügt er sich den Zwängen der Fassaden. Wie ein schützendes Nest erhebt sich die Aufstockung über der Schule und bildet einen fliessenden Raum aus, der sich zur grossartigen Landschaft und zum Tageslicht hin öffnet. Genau hier werden die ersten Lebenserfahrungen der Kinder geprägt.

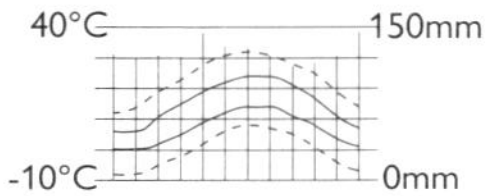

Die Gegebenheiten vor Ort führten zu einer flexiblen und integrierten Geometrie, aus der eine komplexe Struktur hervorging: Das verwendete Holz stammt ausschliesslich aus ausgewählten Gemeindewäldern und verankert diese Aufstockung so in der lokalen Materialgeschichte. Dieser Ansatz reduziert auch den ökologischen Fussabdruck des Gebäudes und minimiert die graue Energie dieses weitsichtigen Projekts.

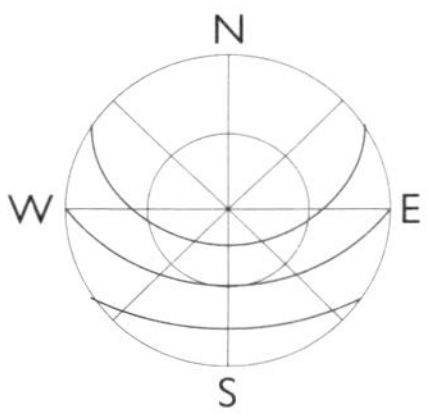

CRÈCHE, VUFFLENS-LE-CHÂTEAU

2023

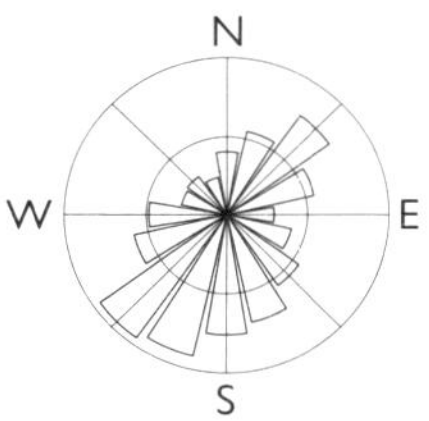

The Crèche La Vufflantine serves as a kind of architectural manifesto in its bold response to the challenges of densifying and intensifying land uses on a school site. Rather than adding new buildings on surrounding land, we chose to raise a section of the existing school, dating from 1990.

This project connects two existing buildings by positioning itself gently into the space between them. By emulating the geometries of the existing roofs, it bridges the differences between the façades. Like a protective nest, it rises above the school, offering a fluid space that is open to the wider landscape and to natural light, creating a comfortable space to host the children's first moments.

The constraints of the site demanded a flexible and well-integrated geometry, which in turn gave rise to a complex structural frame. All the timber used came from the municipal forests, thereby anchoring the building in a local material history. This approach also reduces the ecological footprint of construction, thereby minimising the embodied energy of this far-sighted project.

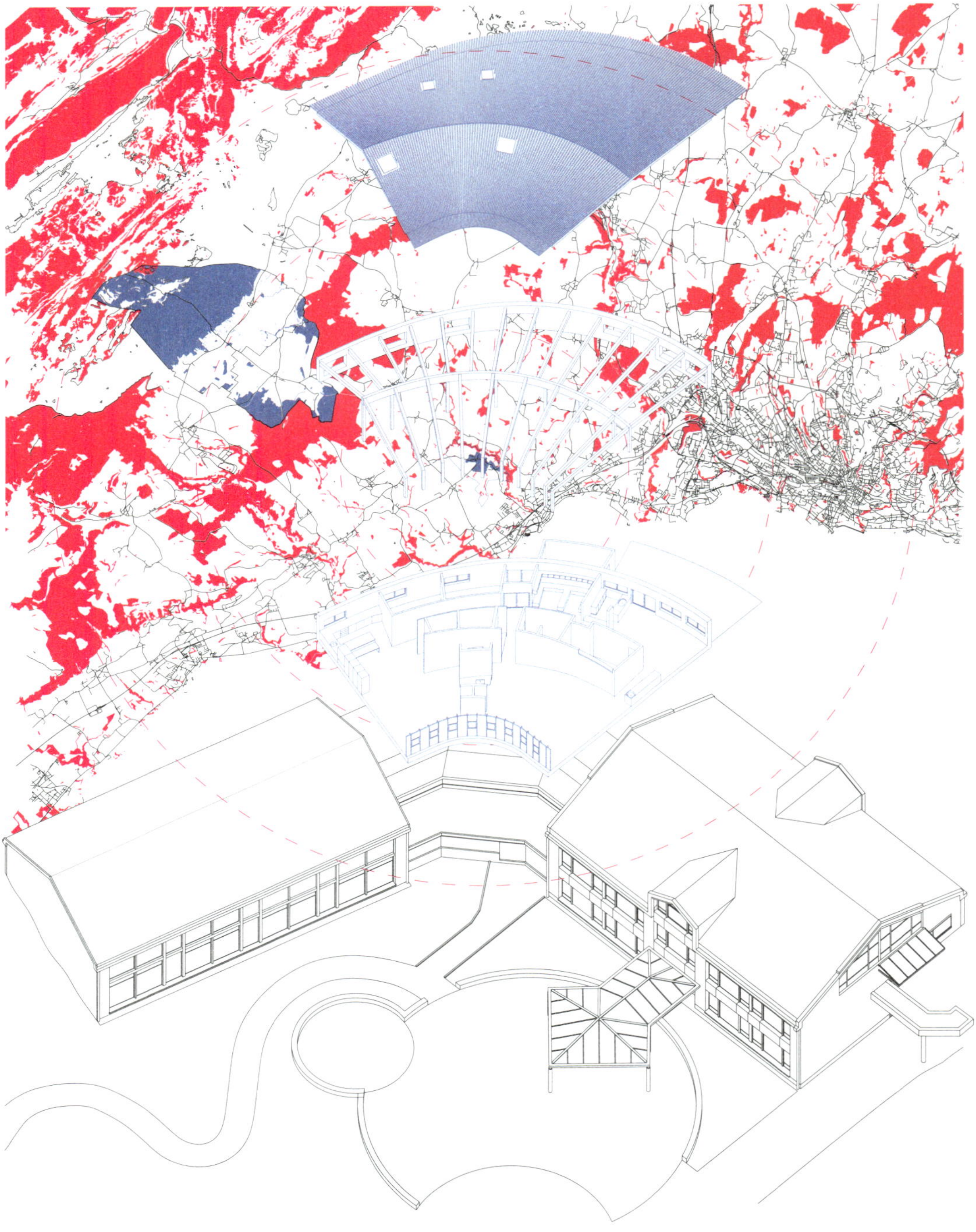

ZENTRUM FÜR ZEITGENÖSSISCHE MUSIK, LAUSANNE

2022–2024, in Zusammenarbeit mit LR Architectes, Lausanne

Im Lausanner Stadtviertel Le Flon befindet sich seit 2007 unter der Grand-Pont – aufseiten des östlichen Widerlagers der Brücke – ein Konzertsaal für zeitgenössische Musik. Der von uns durchgeführte Umbau schuf zusätzlichen Raum und führte damit zu einer Erhöhung der Aufnahmekapazität sowie einer Nutzungsintensivierung: In zwei voneinander unabhängigen Sälen, die sich über verschiedene Ebenen erstrecken, können gleichzeitig Konzerte stattfinden.

Im Bruch mit der städtischen Infrastruktur der Ringstrasse Ceinture Pichard, die sich wie ein unveränderliches Objekt ausnimmt, wurden die Konzertsäle gleichsam als dynamische Sequenzen konzipiert. Sie betonen die Fragmente der Vorgängerkonstruktion durch Licht und akustische Anlagen. Diese unterirdischen Räume avancieren so zu pulsierenden, inspirierenden Orten für die zeitgenössische Musikszene. Die Konstruktion folgt einer Logik der Wiederverwendung: Vor Ort und in der Region rund um den Genfersee vorhandene Elemente werden für notwendige Zusatzelemente wiederverwendet.

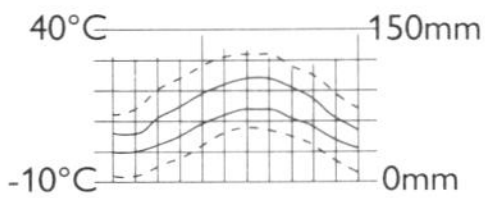

Dank dieser ungewöhnlichen Intervention setzt dieser Ort der Begegnung und des gemeinschaftlichen Musikerlebnisses einen komplexen und inklusiven Dialog in Gang zwischen städtischem Erbe, Infrastrukturen und dem Underground-Kulturerbe Lausannes.

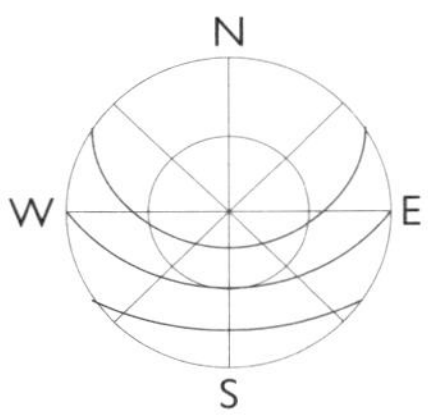

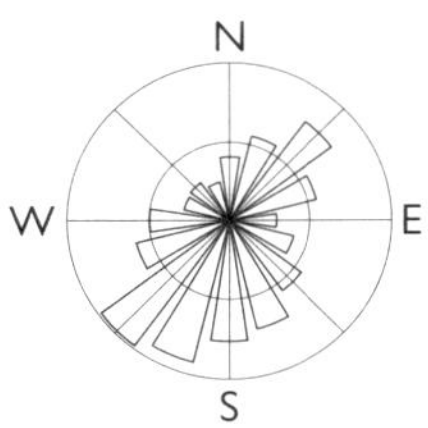

CENTRE FOR CONTEMPORARY MUSIC, LAUSANNE

2022–2024, in partnership with LR Architectes, Lausanne

In Lausanne's Flon district, beneath the first, second and third arches of the Grand-Pont bridge near its eastern abutment, there has been a concert hall for contemporary music since 2007. The renovation that we are carrying out will increase the venue's capacity and densify its uses, so that two independent concert halls can be accommodated on different levels. This will allow two live performances to take place at once.

The concert halls set themselves apart from the urban infrastructure of the Pichard belt, a ring road conceived as a dynamic sequence, the halls incorporate existing structures as fixtures for lighting or sound systems. These subterranean spaces are thus transformed into a vibrant venue for the contemporary music scene. The building process was premised on the reuse of onsite elements; extra materials were sourced from the Lake Geneva region as needed.

The meeting place and music venue that emerges from this unconventional intervention create a complex and inclusive dialogue between urban heritage, civil infrastructures and Lausanne's underground cultural legacy.

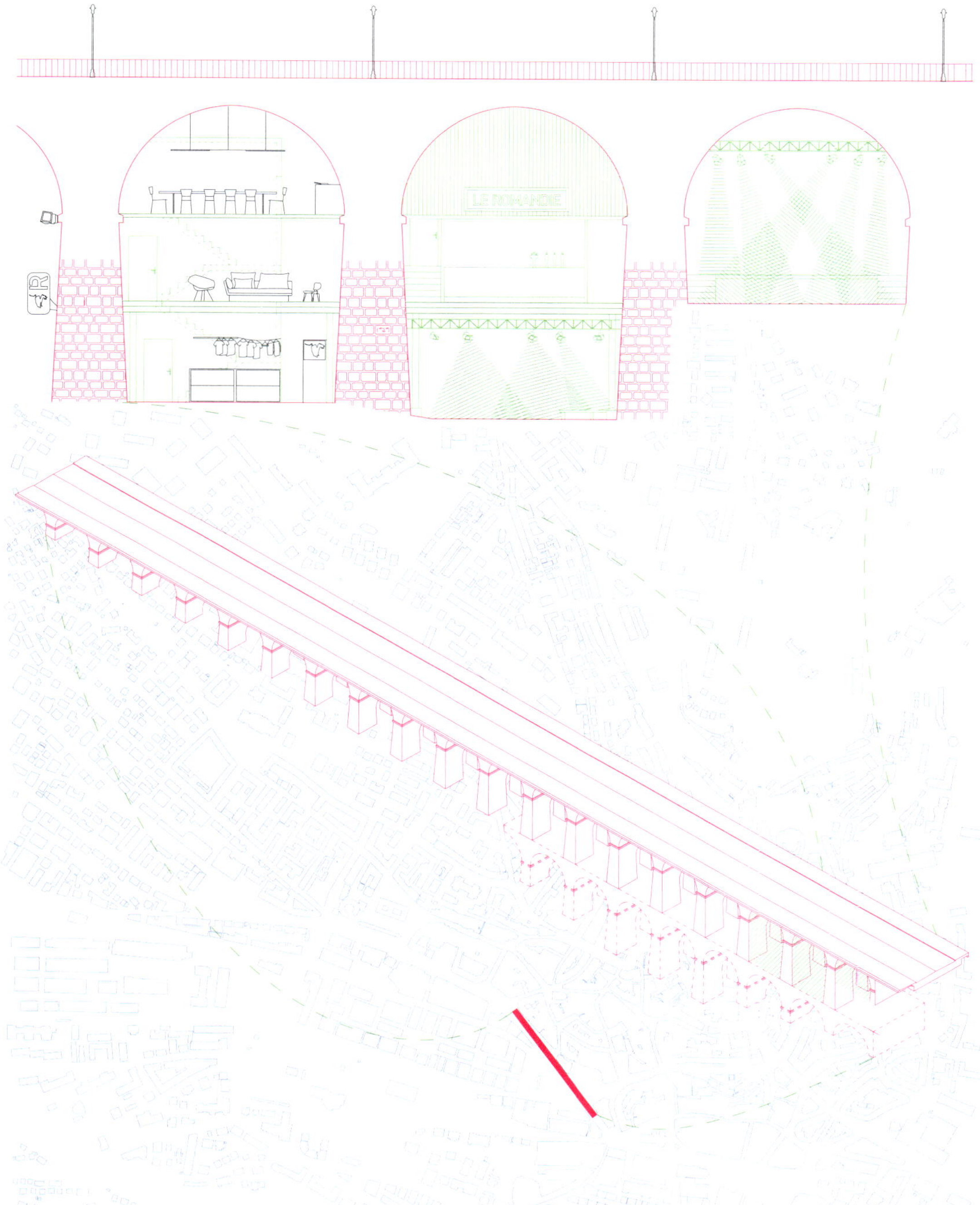
LE NOMANDIE

CO-HOUSING-PROJEKT, LA TOUR-DE-TRÊME

2022–2025

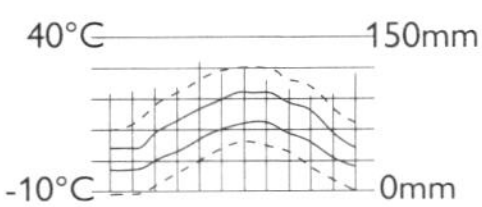

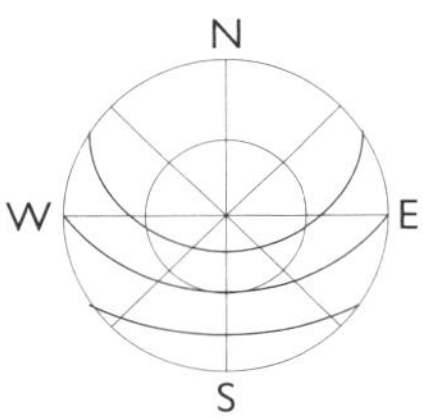

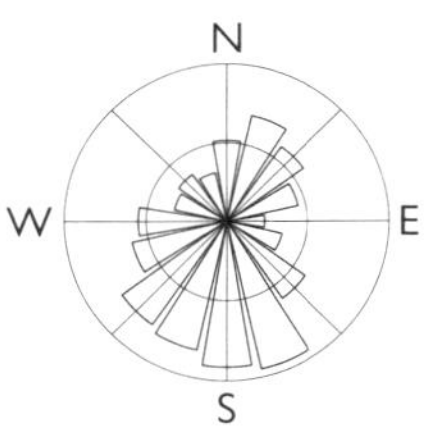

Das Projekt stellt eine mutige Antwort auf die Herausforderungen städtischer Verdichtung und Nutzungsintensivierung auf einem existierenden Vorstadtgrundstück dar. Anstatt tabula rasa zu machen, haben wir uns für eine Erweiterung des Bestands entschieden.

Im Rahmen dieser Nutzungsintensivierung werden die drei Wohnungen so organisiert, dass im Erdgeschoss ein Gemeinschaftsraum in Fortführung des Strassennetzes entsteht; die Wohnungen selbst sind entsprechend dem Tageslicht und mit Blick auf die grossartige Landschaft ausgerichtet. Wie bei einer Veredelung wird das Bestehende schrittweise organisch modifiziert und erweitert.

Die Aufwertung des Bestands geht mit einer nachhaltigen Neugestaltung einher. Der Bezug der Zusatzmaterialien erfolgt in einem lokalen Rahmen, wobei grösstenteils einheimisches Fichtenholz zum Einsatz kommt.

Dieser Entwurfsansatz gibt eine konkrete Antwort auf die Frage nach Verdichtung und Aufwertung generischer Architekturen des 20. Jahrhunderts. Unter Wahrung ihrer lokalen Materialgeschichte führt er sie neuen Nutzungen sowie neuartigen Formen von Kollektivität und Mobilität zu.

GROUPED HOUSING, LA TOUR-DE-TRÊME

2022–2025

This project is a powerful response to challenges of densification and use intensification on already-developed suburban sites. Rather than bulldozing our way to a blank slate, we chose to amplify what is already there.

Intensification of the site has been achieved by adding three flats, arranged to create a communal space on the ground floor that connects to the street network, while maximising natural light and views of the landscape for the domestic spaces. The new elements are grafted onto the existing building, changing and extending it organically and incrementally.

This enhancement has been achieved through sustainable refurbishment. The materials were sourced locally, with extensive use of local spruce.

This project provides a concrete response to the question of how to densify and get the best use out of 20th-century generic architecture, by reorientating it towards new needs and new forms of community and mobility, while respecting local material history.

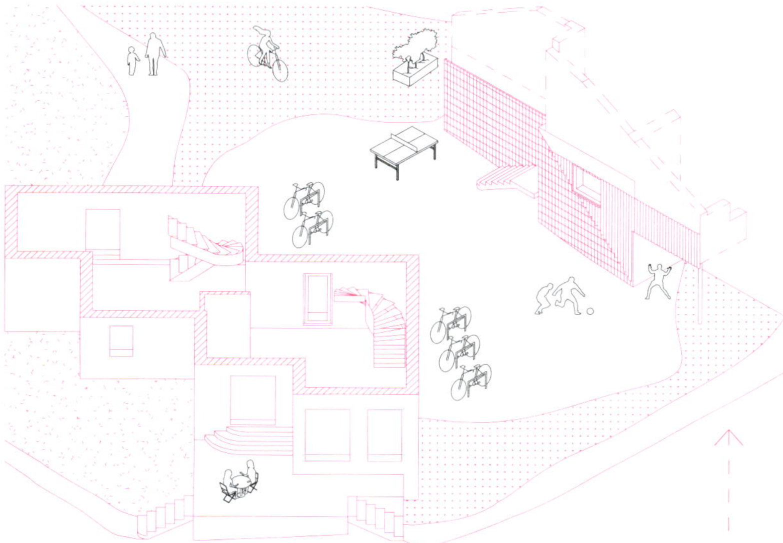

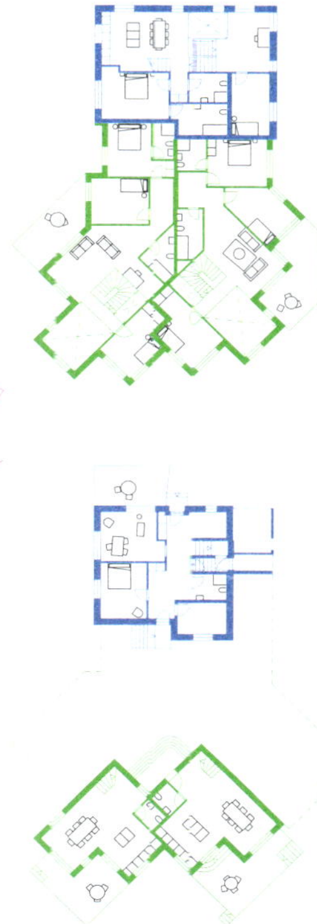

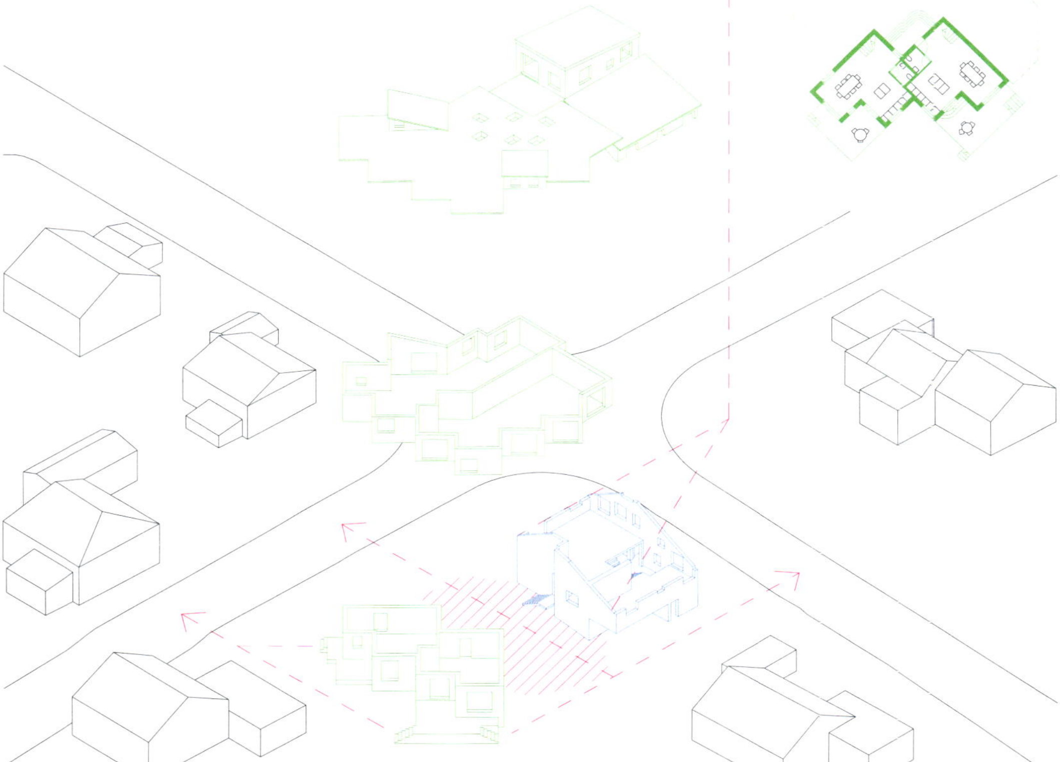

COMMUNITY HUB, LE BRASSUS

2023–2025

In diesem Uhrmacherdorf im Juramassiv, das stark von neuen Entwicklungen in der Uhren- und Präzisionsindustrie geprägt ist, entwerfen wir einen Community Hub, der eine Kinderkrippe, ein Geschäft und eine Sporthalle beherbergen wird.

Dieses Projekt befasst sich mit der Frage der Nachhaltigkeit im ländlichen Kontext, wo sich heimische Tradition und Industrie vermischen. In diesem spezifischen Rahmen schafft eine Gruppe untergliederter Baukörper durch ihre Überschneidungen eine Reihe von Raumkontinuen, die eine grosse Bandbreite an – mal kollektiven, mal privaten – Räumen bieten.

Form und Materialisierung des Projekts beeinflussen sich gegenseitig im Sinne nachhaltiger konstruktiver Lösungen und technischer Systeme: eine solarenergieoptimierte Dachfläche; ein Tragwerk und eine schlanke Fassadenverkleidung aus einheimischem Holz, welche der gewölbten Geometrie folgt. All diese Aspekte verankern das Gemeinschaftsgebäude in seinem lokalen Kontext und bieten der Gemeinschaft und den Kindern gleichzeitig neuartige, verspielte Räume.

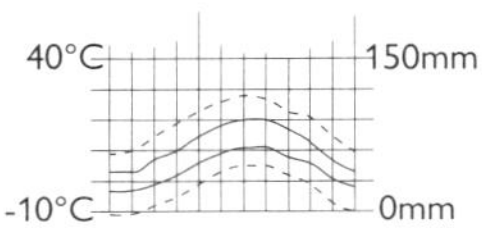

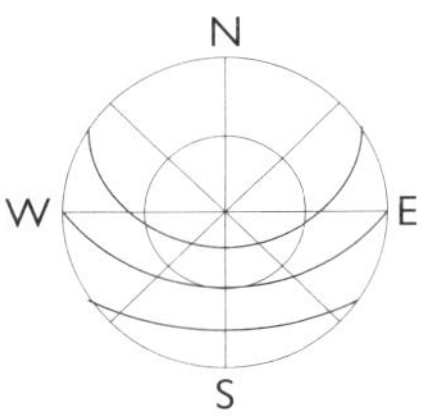

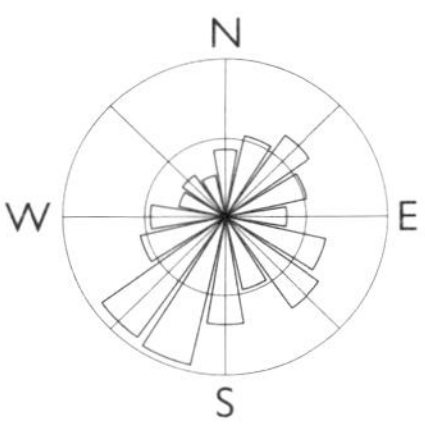

COMMUNITY HUB, LE BRASSUS

2023–2025

In a watchmaking village in the Jura Mountains that has been profoundly shaped by new developments in the watchmaking and precision mechanics industries, we are designing a community hub that will house a nursery, shop and gym.

This project engages with the challenge of sustainability in a village context, where vernacular traditions interface with cutting-edge industry. In this very specific context, we have created an ensemble of articulated volumes that intersect to produce a spatial continuum. This gesture generates a wide range of spaces, both collective and private.

The form and materiality of the project influence each other, resulting in sustainable construction solutions and technical features, such as a roof surface optimised for solar energy, and a frame and light cladding in local timber that follows the curvatures of the volumes and their mixed program. These choices all work to anchor this communal building in its local context while offering the community new and playful spaces.

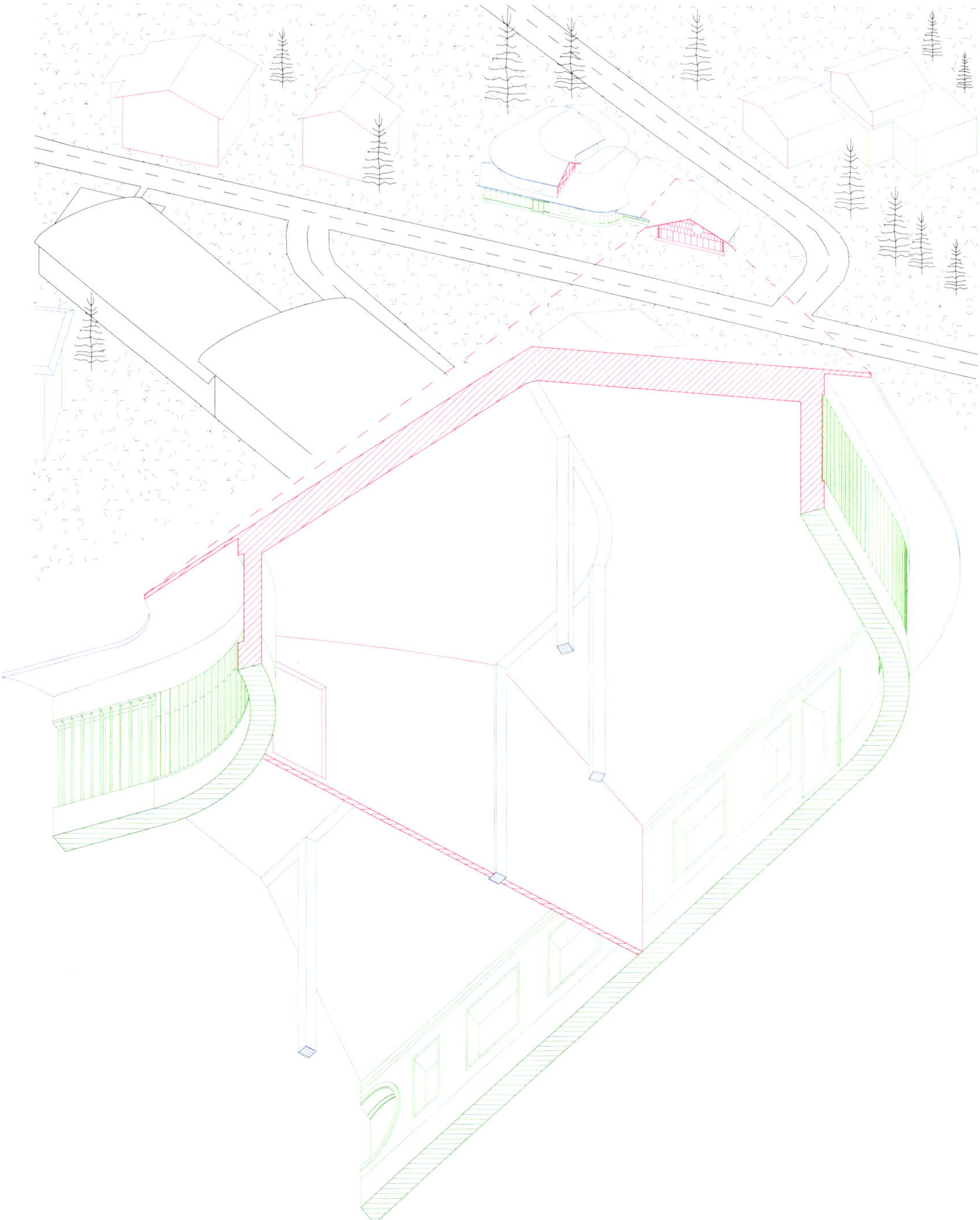

WERKVERZEICHNIS

Auswahl Bauten, Projekte und Wettbewerbe

2012	Wohnungsbau, Chalet-à-Gobet, Lausanne *Vidéomaton*, mobile Installation, Lausanne Kindergarten, Gland
2014	Hütte, Le Pont
2015	Masterplan für ein Gewerbegebiet, Yverdon Aufstockung Verwaltungsgebäude der Krankenhausgesellschaft, Nyon
2016	Swisscom Digital Lab, Innovationsraum der EPFL, Lausanne Temporäre Wohnunterkünfte, Lausanne
2017	Swisscom Braingym, Co-Working-Space, Lausanne
2020	Research Lab, Ecublens
2021	Uhrenmanufakturgebäude, Audemars Piguet, Le Locle Forum APRÈS-GE, Genf (mit Dreier Frenzel Architecture + Communication, Lausanne)
2023	Kinderkrippe, Vufflens-le-Château Szenografie Geneva International Film Festival (GIFF), Genf
2024	Blumenmarkt, Logistikzentrum und Gewächshäuser, Kerzers Nachhaltiges Gewerbegebiet, Genf Zentrum für zeitgenössische Musik, Lausanne (mit LR Architectes, Lausanne)
2025	Hybride Industrieanlage Audemars Piguet, Kundendienst, Raleigh, North Carolina Co-Housing-Projekt, La Tour-de-Trême Community Hub, Le Brassus
2028	Staatliche Schule und Kindergarten Les Hauts de Dorigny, Chavannes-près-Renens Quartier-Masterplan Les Hauts de Dorigny, 600 Wohneinheiten, Chavannes-près-Renens
2030	Masterplan PAV, Berater für die Entkarbonisierungs- und Klimaresilienzstrategie, Genf

LIST OF WORKS

Selection of buildings, projects and competitions

2012	Housing, Chalet-à-Gobet, Lausanne *Vidéomaton*, mobile installation, Lausanne Kindergarten, Gland
2014	Cabin, Le Pont
2015	Industrial masterplan, Yverdon Heightening, medical administrative building, Nyon
2016	Swisscom Digital Lab, innovation space EPFL, Lausanne Temporary accommodation, Lausanne
2017	Swisscom Braingym, coworking space, Lausanne
2020	Research Lab, Ecublens
2021	Watch manufacturer, Audemars Piguet, Le Locle Forum APRÈS-GE, Geneva (with Dreier Frenzel Architecture + Communication, Lausanne)
2023	Crèche, Vufflens-le-Château Geneva International Film Festival, scenography, Geneva
2024	Flower market, logistics centre and greenhouses, Kerzers Sustainable Industrial Village, Geneva Centre for contemporary music, Lausanne (with LR Architectes, Lausanne)
2025	Customer Service, Audemars Piguet, hybrid industrial facility, Raleigh, North Carolina Grouped housing, La Tour-de-Trême Community Hub, Le Brassus
2028	Hauts-de-Dorigny State School and Kindergarten, Chavannes-près-Renens Hauts-de-Dorigny neighbourhood masterplan, 600 housing units, Chavannes-près-Renens
2030	Geneva PAV masterplan, advisor for the decarbonisation and climate resilience strategy, Geneva

GUILLAUME DE MORSIER

2001–2009	Architekturstudium an der École Polytechnique Fédérale de Lausanne (EPFL), an der Technischen Universität (TU) Berlin und an der Eidgenössischen Technischen Hochschule Zürich (ETHZ)
2008–2010	Stadtplaner im Büro KCAP (Kees Christiaanse Architect & Planners) Rotterdam und Zürich
2010–	Gründungspartner von Kunik de Morsier architectes, Lausanne
2012–2018	Mitinitiator und Co-Direktor der Landschaftsforschungsinitiative Parallel Sprawl
2023–	Dozent für Architektur und Stadtgestaltung an der École nationale supérieure d'architecture (ENSA), Marseille

VALENTIN KUNIK

2001–2009	Architekturstudium an der École Polytechnique Fédérale de Lausanne (EPFL)
2006–2007	Praktikum bei Ensamble Studio, Antón García Abril, Madrid
2006–2010	Assistent im Atelier des Künstlers Daniel Schlaepfer, Lausanne
2010–	Gründungspartner von Kunik de Morsier architectes, Lausanne
2012–2018	Mitinitiator und Co-Direktor der Landschaftsforschungsinitiative Parallel Sprawl
2022–	Dozent an den Hautes Écoles Spécialisées de Suisse occidentale (HES-SO) für Architektur und Konstruktion, Genf

PEDRO BALTAZAR

2016–2020	Ausbildung zum Bauzeichner bei bunq architects, Nyon
2020–2023	Architekturstudium an der Hochschule für Technik und Architektur (HEIA), Freiburg
2023–	Architekt bei Kunik de Morsier architectes, Lausanne

BAPTISTE BURGET

2016–2022	Architekturstudium an der École Polytechnique Fédérale de Lausanne (EPFL) und der Rheinisch-Westfälischen Technischen Hochschule (RWTH), Aachen
2020	Praktikum bei ZRS Architekten, Berlin
2023–	Architekt bei Kunik de Morsier architectes, Lausanne

GUILLAUME DE MORSIER

2001–2009	Studied Architecture at the École Polytechnique Fédérale de Lausanne (EPFL), Technische Universität Berlin (TU) and the Eidgenössische Technische Hochschule Zürich (ETHZ)
2008–2010	Urban planner at KCAP (Kees Christiaanse Architect & Planners) Rotterdam and Zurich
2010–	Founding partner at Kunik de Morsier architectes, Lausanne
2012–2018	Co-initiator and co-head of Parallel Sprawl landscape research
2023–	Architecture and Urban Design teacher at École nationale supérieure d'architecture (ENSA), Marseille

VALENTIN KUNIK

2001–2009	Studied Architecture at the École Polytechnique Fédérale de Lausanne (EPFL)
2006–2007	Trainee at Ensamble Studio, Antón García Abril, Madrid
2006–2010	Artist Assistant at Atelier Daniel Schlaepfer, Lausanne
2010–	Founding partner at Kunik de Morsier architectes, Lausanne
2012–2018	Co-initiator and co-head of Parallel Sprawl landscape research
2022–	Lecturer at Hautes Écoles Spécialisées de Suisse occidentale (HES-SO), Architecture and Construction, Geneva

PEDRO BALTAZAR

2016–2020	Apprenticeship as a draughtsman at bunq architects
2020–2023	Studied Architecture at Haute école d'ingénierie et d'architecture (HEIA), Fribourg
2023–	Architect at Kunik de Morsier architects

BAPTISTE BURGET

2016–2022	Studied Architecture at the École Polytechnique Fédérale de Lausanne (EPFL) and the Rheinisch-Westfälische Technische Hochschule (RWTH), Aachen
2020	Trainee in Berlin at ZRS Architekten
2023–	Architect at Kunik de Morsier architectes

CHLOÉ CHALLAMEL

2016–2023	Studium der Architektur und des Ingenieurwesens an der École d'architecture de Lyon (ENSAL) und am Institut national des sciences appliquées (INSA), Lyon
2021–2022	Praktikum bei Plages Arrière Architectes, Lyon und Paris
2023–	Architektin bei Kunik de Morsier architectes, Lausanne

FLAVIEN DUCOR

2016–2022	Architekturstudium an der École Polytechnique Fédérale de Lausanne (EPFL) und an der Technischen Hochschule Chalmers, Göteborg
2020	Praktikum bei CF MØLLER, Kopenhagen
2023–	Architekt bei Kunik de Morsier architectes

LUCIE DIOGUARDI-MORAND

2013–2019	Architekturstudium an der École Polytechnique Fédérale de Lausanne (EPFL)
2020	Lehrassistentin im Superstudio FAR, EPFL
2019–	Architektin bei Kunik de Morsier architectes, Lausanne

FRANÇOIS OTTEN

2012–2019	Architekturstudium an der École Polytechnique Fédérale de Lausanne (EPFL) und an der Technischen Hochschule Chalmers, Göteborg
2019–2020	Lehrassistent im Design Studio FAR, EPFL
2022–	Architekt bei Kunik de Morsier architectes, Lausanne

AMOS PIROTTA

2013–2019	Architekturstudium an der École Polytechnique Fédérale de Lausanne (EPFL)
2020–2023	Architekt bei dl-a, Genf
2024–	Architekt bei Kunik de Morsier architectes, Lausanne

JUSTINE TAILLARD

2015–2020	Architekturstudium an der École nationale supérieure d'architecture et de paysage de Lille (ENSAP) und an der Robert Gordon University (RGU), Aberdeen
2021–2022	Tätigkeit bei ANAA Architectes, Lille
2023–	Architektin bei Kunik de Morsier architectes, Lausanne

CHLOÉ CHALLAMEL

2016–2023	Studied Architecture and Engineering at the École d'architecture de Lyon (ENSAL) and the Institut national des sciences appliquées (INSA), Lyon
2021–2022	Trainee at Plages Arrière Architectes in Lyon and Paris
2023–	Architect at Kunik de Morsier architectes

FLAVIEN DUCOR

2016–2022	Studied Architecture at the École Polytechnique Fédérale de Lausanne (EPFL) and Chalmers University of Technology, Gothenburg
2020	Trainee in Copenhagen at CF MØLLER
2023–	Architect at Kunik de Morsier architectes

LUCIE DIOGUARDI-MORAND

2013–2019	Studied Architecture at the École Polytechnique Fédérale de Lausanne (EPFL)
2020	Teaching Assistant, Superstudio FAR, EPFL
2019–	Architect at Kunik de Morsier architectes

FRANÇOIS OTTEN

2012–2019	Studied Architecture at the École Polytechnique Fédérale de Lausanne (EPFL) and Chalmers University of Technology, Gothenburg
2019–2020	Teaching Assistant, Design Studio FAR, EPFL
2022–	Architect at Kunik de Morsier architectes

AMOS PIROTTA

2013–2019	Studied Architecture at the École Polytechnique Fédérale de Lausanne (EPFL)
2020–2023	Architect at dl-a in Geneva
2024–	Architect at Kunik de Morsier architectes

JUSTINE TAILLARD

2015–2020	Studied Architecture at the École nationale supérieure d'architecture et de paysage de Lille (ENSAP) and the Robert Gordon University (RGU) Aberdeen
2021–2022	Worked at ANAA Architectes, Lille
2023–	Architect at Kunik de Morsier architectes

EHEMALIGE MITARBEITENDE

Nicolas Bächtiger, Lital Balbi, Fabien Barbat, Julie Basso, Clémence Beghini, Kimberley Berney, Nicolas Besson, Sarah Bocquet, Agustin Casalia, Arianna Charbon, Ophélie Coisne, Antonio Conroy, Katarina Dacic, Nicolas Delaroche, Farah Fervel, Gaspard Garcier, Sharon Gochenour, Stephen Gyger, Tiina Haarala, Tamara Henry, Victor Kleyr, Isabel Vilar, Gabriela Jeanrenaud, Angélique Kuenzle, Marie Menninger, Allegra Morpurgo, Alicia Musial, Melinda Papi, Félix Parpoil, Loris Peziere, Adèle Querard, Aude Rabier, Pascal Ryser, Yamina Sam, Diego Sologuren, Dawit Tadesse, Francisco Tellez, Wendy Tokuoka

LEHRE

2011–2016	Umweltdesign, Konstruktion und Tragwerksplanung, Hochschule für Technik und Architektur (HEIA), Freiburg
2012	Workshop, Haute école d'art et de design (HEAD), Genf
2012–2013	AA Visiting School, Mittelmeerland-Workshop in Alexandria und Algier
2021–2024	Fondation Braillard, Transition-Workshop, Genf
2022–	Bauökologie und interdisziplinäre Designprojekte, Haute école du paysage, d'ingénierie et d'architecture (HEPIA), Genf
2023–	Theorie und Praxis des Architektur- und Städtebaus, École nationale supérieure d'architecture (ENSA), Marseille / Institut Méditerranéen de la Ville et des Territoires (IMVT), Marseille
2024–	Bautechnologie, Universität Cergy-Pontoise, Paris

AUSZEICHNUNGEN

2016	JAS – Junge Architektur Schweiz
2018	Future Architecture Platform «Emerging talent»
2020	Swiss Art Awards 2020 (Nominierung): *Tremblements*, Performanceausstellung
2023	Europe 40 under 40

PREVIOUS TEAM MEMBERS

Nicolas Bächtiger, Lital Balbi, Fabien Barbat, Julie Basso, Clémence Beghini, Kimberley Berney, Nicolas Besson, Sarah Bocquet, Agustin Casalia, Arianna Charbon, Ophélie Coisne, Antonio Conroy, Katarina Dacic, Nicolas Delaroche, Farah Fervel, Gaspard Garcier, Sharon Gochenour, Stephen Gyger, Tiina Haarala, Tamara Henry, Victor Kleyr, Isabel Vilar, Gabriela Jeanrenaud, Angélique Kuenzle, Marie Menninger, Allegra Morpurgo, Alicia Musial, Melinda Papi, Félix Parpoil, Loris Peziere, Adèle Querard, Aude Rabier, Pascal Ryser, Yamina Sam, Diego Sologuren, Dawit Tadesse, Francisco Tellez, Wendy Tokuoka

TEACHING

2011–2016	Environmental Design, Construction and Structural Design, School of Engineering and Architecture of Fribourg – Haute école d'ingénierie et d'architecture (HEIA), Fribourg
2012	Workshop, Haute école d'art et de design (HEAD), Geneva
2012–2013	AA Visiting School, Mediterranean workshop in Alexandria and Algiers
2021–2024	Fondation Braillard Transition Workshop, Geneva
2022–	Construction ecology and interdisciplinary design projects, Haute école du paysage, d'ingénierie et d'architecture (HEPIA), Geneva
2023–	Theory and Practice of Architectural and Urban Design, École nationale supérieure d'architecture (ENSA), Marseille / Institut Méditerranéen de la Ville et des Territoires (IMVT), Marseille
2024–	Building Technology, CY Cergy Paris University

AWARDS

2016	JAS – Junge Architektur Schweiz
2018	Future Architecture Platform "Emerging talent"
2020	Swiss Art Awards 2020 (nominated): *Tremblements*, performance exhibition
2023	Europe 40 under 40

AUSSTELLUNGEN

2011	*Paysage Suisse*, Galerie La Placette, Lausanne
	Déambulations fragmentées, Galerie Agent Double, Genf
2014	*Émergences*, Architektur0.14, Zürich
2015	*Matza Amboy, Art, Land-use, Democracy*, Künstlerresidenz, Amboy, Kalifornien
	Parallel Sprawl, Architekturfakultät, Universität Pristina
	Gruppenausstellung *Carte Blanche*, Forum d'Architecture, Lausanne
2016	Gruppenausstellung *Hydrométéores*, Bâtiment Acacias 76, Genf
	Matza Aletsch, Künstlerresidenz, Aletschgletscher
	SCHWEIZWEIT, S AM Schweizerisches Architekturmuseum, Basel
2017	*Parallel Sprawl*, Architektur Forum Ostschweiz, St. Gallen
	Gruppenausstellung *Plastes*, Le Commun im Bâtiment d'art contemporain (BAC), Genf
	Szenografie *MATZA – Radical Biotope*, Ferme asile, Sitten
2019	Gruppenausstellung *Under The Radar*, S AM Schweizerisches Architekturmuseum, Basel
	Gruppenausstellung *1000 écologies*, Le Commun im Bâtiment d'art contemporain (BAC), Genf
	4x4x4, PTTH://, Luzern
2020	Performanceausstellung *Tremblement*, Swiss Art Awards, Pratteln
2022	*État des Lieux*, La Placette, Maison Gaudard, Lausanne
2023	Gruppenausstellung *Drylands*, Bex et Arts, Bex

EXHIBITIONS

2011	*Paysage Suisse,* Galerie La Placette, Lausanne
	Déambulations fragmentées, Galerie Agent Double, Geneva
2014	*Émergences,* Architektur0.14, Zurich
2015	*Matza Amboy,* Art, Land-use, Democracy, artistic residency, Amboy, California
	Parallel Sprawl, exhibition, Faculty of Architecture, Prishtina
	Carte Blanche, group exhibition, Forum d'Architecture, Lausanne
2016	*Hydrométéores,* group show, Bâtiment Acacias 76, Geneva
	Matza Aletsch, artistic residency, Aletsch glacier
	SCHWEIZWEIT, S AM Swiss Architecture Museum, Basel
2017	*Parallel Sprawl,* exhibition, Architecture Forum Ostschweiz, Sankt-Gallen
	Plastes, group show, Espace Le Commun au BAC, Geneva
	MATZA – Radical Biotope, scenography, Ferme asile, Sion
2019	*Under The Radar,* group show, S AM Swiss Museum of Architecture, Basel
	1000 écologies, group show, Espace Le Commun au BAC, Geneva
	4x4x4, PTTH://, Lucerne
2020	*Tremblement,* performance exhibition, Swiss Art Awards, Pratteln
2022	*État des Lieux,* La Placette, Maison Gaudard, Lausanne
2023	*Drylands,* group show, Bex et Arts, Bex

VORTRÄGE

2012	«Latitude 33», International Conference on Research for Development, Bern
2013	«Parallel Sprawl», SECO Energy in the Balkans, Bern
	«Parallel Sprawl», Specifics – ECLAS, Hamburg
2014	«Resistance – Resilience – Relevance», MAS Urban Design, Eidgenössische Technische Hochschule Zürich (ETHZ)
	«Informing architecture», École Polytechnique Fédérale de Lausanne (EPFL), SUB-LAB
2016	«SCHWEIZWEIT», S AM Schweizerisches Architekturmuseum, Basel
2017	«Parallel Sprawl», Architektur Forum Ostschweiz, St. Gallen
2018	Pecha Kucha, Open House, Basel
2020	«Towards Net Zero Architecture», TEDx Countdown, Fondation Braillard, Genf
2021	«Couvertures éphémères», Rencontres Romandes du Bois, Lausanne
	«Architecture as system», Baswa Vision Day, Zürich
	«Hot Cities – Climate Adaptation in the Mena Region», Urban Thinkers Campus, Mannheim
2022	«Autarcie?», Hochschule für Technik und Architektur (HEIA), Freiburg
	«Urban Bricolage», École Polytechnique Fédérale de Lausanne (EPFL), Archizoom
	«Ressources – Processus – Espaces», Hi-Flow Territoire (S), Genf
2023	«Cohabiter avec le vivant», Haute école du paysage, d'ingénierie et d'architecture (HEPIA), Genf
	«Construire pour les vivants», EnsaEco, ENSA, Lille
2024	«Straddling Two Opposites, the Natural and the Digital: The Example of Vufflens Kindergarten», AIA International Spring Conference

ALIA BENGANA (TEXTBEITRAG)

Alia Bengana ist Architektin, Dozentin und Autorin. Seit fast 15 Jahren spezialisiert sie sich auf regenerative Materialien, insbesondere auf Erde und Fasern. Sie lehrt an der École polytechnique fédérale de Lausanne (EPFL), an der Hochschule für Technik und Architektur (HEIA) in Freiburg und an der École d'architecture de la ville & des territoires, Paris. Zudem arbeitet sie regelmässig mit dem Architekturmagazin *Tracés* zusammen. Sie ist Autorin (neben Claude Baechtold und Antoine Harari) von «Concrete, the End of an Era?» für heidi.news, das vor Kurzem für einen von Antoine Maréchal illustrierten Comic mit dem Titel *Béton : Enquête en sables mouvants* adaptiert wurde.

LECTURES

2012	"Latititude 33", International Conference on Research for Development, Bern
2013	"Parallel Sprawl", SECO Energy in the Balkans, Berne
	"Parallel Sprawl", Specifics – ECLAS, Hamburg
2014	"Resistance – Resilience – Relevance", MAS Urban Design, Eidgenössische Technische Hochschule Zürich (ETHZ)
	"Informing architecture", École Polytechnique Fédérale de Lausanne (EPFL), SUB-LAB, Lausanne
2016	"SCHWEIZWEIT", S AM Swiss Architecture Museum, Basel
2017	"Parallel Sprawl", Architecture Forum Ostschweiz, Saint-Gall
2018	Pecha Kucha, Open House Basel, Basel
2020	"Towards Net Zero Architecture", TEDx Countdown, Fondation Braillard
2021	"Couvertures éphémères", Rencontres Romandes du Bois, Lausanne
	"Architecture as system", Baswa Vision Day, Zurich
	"Hot Cities – Climate Adaptation in the Mena Region ", Urban Thinkers Campus, Mannheim
2022	"Autarcie?", Haute école d'ingénierie et d'architecture (HEIA), Fribourg
	"Urban Bricolage ", École Polytechnique Fédérale de Lausanne (EPFL), Archizoom
	"Ressources – Processus – Espaces", Hi-Flow Territoire(S), Geneva
2023	"Cohabiter avec le vivant", Haute école du paysage, d'ingénierie et d'architecture (HEPIA), Genève
	"Construire pour les vivants", EnsaEco, ENSA Lille
2024	"Straddling Two Opposites, the Natural and the Digital: The Example of Vufflens Kindergarten", AIA International Spring Conference

ALIA BENGANA (ARTICLE)

Alia Bengana has been an architect, teacher and author specialising in regenerative materials, particularly earth and fibres, for nearly 15 years. She teaches at the École polytechnique fédérale de Lausanne (EPFL), Haute école d'ingénierie et d'architecture (HEIA) in Fribourg, and the École d'architecture de la ville & des territoires in Paris, and regularly collaborates with the *Tracés* architecture magazine. She co-authored "Concrete, the End of an Era?" with Claude Baechtold and Antoine Harari for heidi.news, which was recently adapted into a graphic novel titled *Béton : Enquête en sables mouvants*, illustrated by Antoine Maréchal.

Finanzielle und ideelle Unterstützung

Ein besonderer Dank gilt den Institutionen und Sponsorfirmen, deren finanzielle Unterstützungen wesentlich zum Entstehen dieser Buchreihe beitragen. Ihr kulturelles Engagement ermöglicht ein fruchtbares und freundschaftliches Zusammenwirken von Baukultur und Bauwirtschaft.

Financial and conceptual support

Special thanks to our sponsors and institutions whose financial support has helped us so much with the production of this series of books. Their cultural commitment is a valuable contribution to fruitful and cordial collaboration between the culture and economics of architecture.

terrabloc
produits de construction en terre crue
Terrabloc SA, Genève

GROUPE VOLET
CHARPENTIER / BATISSEUR
Groupe Volet SA, Saint-Légier

Kunik de Morsier
55. Band der Reihe *Anthologie*
Herausgegeben von: Heinz Wirz, Luzern
Konzept: Heinz Wirz; Kunik de Morsier, Lausanne
Projektleitung: Quart Verlag, Linus Wirz; Kunik de Morsier, Victor Kleyr
Textbeiträge: Kunik de Morsier; Alia Bengana, Paris
Objekttexte: Kunik de Morsier
Textlektorat deutsch: Miriam Seifert Waibel, Hamburg
Textlektorat englisch: Benjamin Liebelt, Berlin
Übersetzung französisch–deutsch: Dr. Eva Dewes, Saarbrücken
Übersetzung französisch–englisch: Brett Petzer, Amsterdam
Fotos: Nicolas Delaroche, Lausanne, S. 13–15, 35–42; Eik Frenzel Lausanne, S. 17–21; Mirjam Steffen, Luzern, S. 23–25; Michel Bonvin, Lausanne, S. 27, 28; Matthieu Gafsou, Pully, S. 31–33
Redesign: BKVK, Basel – Beat Keusch, Angelina Köpplin-Stützle
Grafische Umsetzung: Quart Verlag Luzern
Lithos: Rica Egger, Printeria, Luzern
Druck: DZA Druckerei zu Altenburg GmbH

© Copyright 2024
Quart Verlag GmbH, Heinz Wirz
Alle Rechte vorbehalten
ISBN 978-3-03761-325-2

Kunik de Morsier
Volume 55 of the series *Anthologie*
Edited by: Heinz Wirz, Lucerne
Concept: Heinz Wirz; Kunik de Morsier, Lausanne
Project management: Quart Verlag, Linus Wirz; Kunik de Morsier, Victor Kleyr
Articles by: Kunik de Morsier; Alia Bengana, Paris
Project descriptions: Kunik de Morsier
German text editing: Miriam Seifert Waibel, Hamburg
English text editing: Benjamin Liebelt, Berlin
French–German translation: Dr. Eva Dewes, Saarbrücken
French–English translation: Brett Petzer, Amsterdam
Photos: Nicolas Delaroche, Lausanne, p. 13–15, 35–42; Eik Frenzel, Lausanne, p. 17–21; Mirjam Steffen, Lucerne, p. 23–25; Michel Bonvin, Lausanne, p. 27, 28; Matthieu Gafsou, Pully, p. 31–33
Redesign: BKVK, Basel – Beat Keusch, Angelina Köpplin-Stützle
Graphic design: Quart Verlag Luzern
Lithos: Rica Egger, Printeria, Lucerne
Printing: DZA Druckerei zu Altenburg GmbH

© Copyright 2024
Quart Verlag GmbH, Heinz Wirz
All rights reserved
ISBN 978-3-03761-325-2

Quart Verlag GmbH
Denkmalstrasse 2, CH-6006 Luzern
books@quart.ch, www.quart.ch

Anthologie
Werkberichte junger Architekturschaffender

Anthologie
Work reports on young architects

*inserted booklet with translation